Richtig schreiben

Schulausgangsschrift

Erarbeitet von

Heike Baligand

Angelika Föhl

Tanja Holtz

Nadine Pistor

in Zusammenarbeit mit der
Westermann-Grundschulredaktion

Unter Beratung von

Nadin Haida-Herklotz

Jutta Ibach

Miriam Jacobs

Katharina Jorga

Insa Scheller

Christina von Weyhe

Prof. Dr. Anja Wildemann

Illustriert von

Anke am Berg, Karoline Kehr, Sabine Kranz

Flex und Flora

Deutsch

2

Inhaltsverzeichnis

Seite

Gut starten 4

〰 **Wörter in Silben gliedern** 6
Silben in Wörtern erkennen 7
Silben zum richtigen Schreiben nutzen 8

Richtig abschreiben 10
Wörter richtig abschreiben 11
Sätze richtig abschreiben 12
Einen Text richtig abschreiben 13   R1

Wörter üben 14
Wörter durch häufiges Schreiben üben 15
Wörter mit Karten üben 16
Wörter mit einem Partnerkind üben 17

Mit der Wörterliste arbeiten 18
Sich in der Wörterliste orientieren 19
Wörter nachschlagen 20
Die Wörterliste nutzen 21   R2

Wörter mit Qu/qu, Sp/sp und St/st schreiben 22
Wörter mit Qu/qu üben 23
Wörter mit Sp/sp und St/st üben 24
Wörter mit Qu/qu, Sp/sp und St/st üben 25

aA **Nomen großschreiben** 26
Nomen erkennen: Menschen und Tiere 27
Nomen erkennen: Pflanzen und Dinge 28
Nomen ordnen und kontrollieren 29

aA **Satzanfänge großschreiben** 30
Satzanfänge erkennen 31
Sätze bilden und schreiben 32
Sätze als Sinneinheit erkennen 33   R3

Seite

➡ **Verlängern: Auslaute hörbar machen** 34

Verlängern üben 36

Wörter in Texten verlängern .... 37　**R4**

⬚ **Wortbausteine erkennen** 38

Wörter mit ver- und vor- bilden 40

Wörter mit Wortbausteinen üben 41

↴ **Wörter mit ä und äu ableiten** 42

Von der Einzahl ableiten 44

Von der Wortfamilie ableiten .... 45　**R5**

〰 **Offene Silben und geschlossene Silben erkennen** 46

Mit offenen und geschlossenen Silben arbeiten 48

〰 **Wörter mit ie schreiben** 50

Wörter mit ie üben 52

ie in Wortfamilien üben .... 53　**R6**

〰 **Wörter mit doppelten Mitlauten und mit tz und ck schreiben** ... 54

Wörter mit doppelten Mitlauten und mit tz und ck üben 56

❗ **Merkwörter üben** 58

Merkwörter mit C/c, x und y üben 59

Merkwörter mit aa, ee, oo und V/v üben 60

Merkwörter in Texten üben 61

〰 ᵃA ➡ ⬚ ↴ ❗ **Rechtschreibgespräche führen**

und Strategien nutzen 62

Über die richtige Schreibweise nachdenken 64

Kontrollieren und Verbessern üben 65

Häufige Wörter 66

Wörterliste 67

Das kann ich jetzt 75

Gut starten

 **1** Sprich die Wörter für die Bilder deutlich.

a) Welche Wörter beginnen mit **K**? Kreuze an.

☒   ☐   ☐   ☐   ☐   ☐

b) Welche Wörter beginnen mit **D**? Kreuze an.

☐   ☐   ☐   ☐   ☐   ☐

c) Welche Wörter beginnen mit **F**? Kreuze an.

☐   ☐   ☐   ☐   ☐   ☐

d) Welche Wörter beginnen mit **B**? Kreuze an.

☐   ☐   ☐   ☐   ☐   ☐

2 Verbinde und schreibe.

Man	Mau	Lei	Pin	Am	Ei
ter	tel	er	pel	mer	sel

Mantel

Wörter deutlich sprechen
Den Anlaut diskriminieren
Wörter aus Silben bilden und schreiben

KV 43
Fö 56-58

Datum: ______________

3 Schreibe die Wörter.

 Schaf

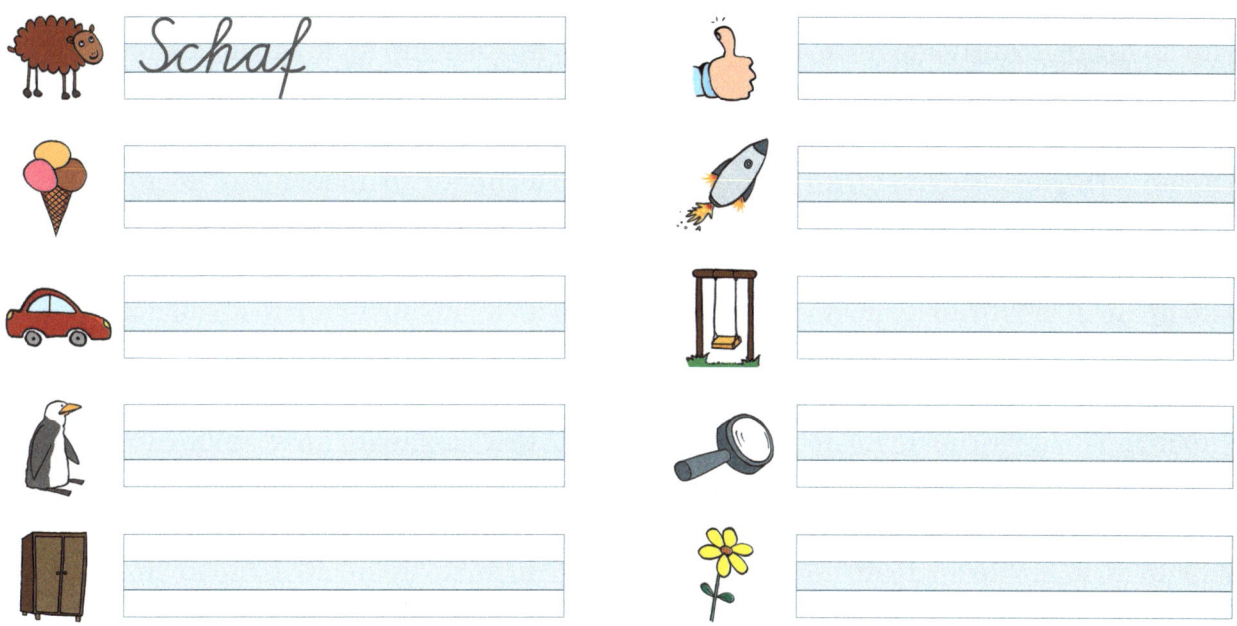

4 Schreibe deine Lieblingswörter.

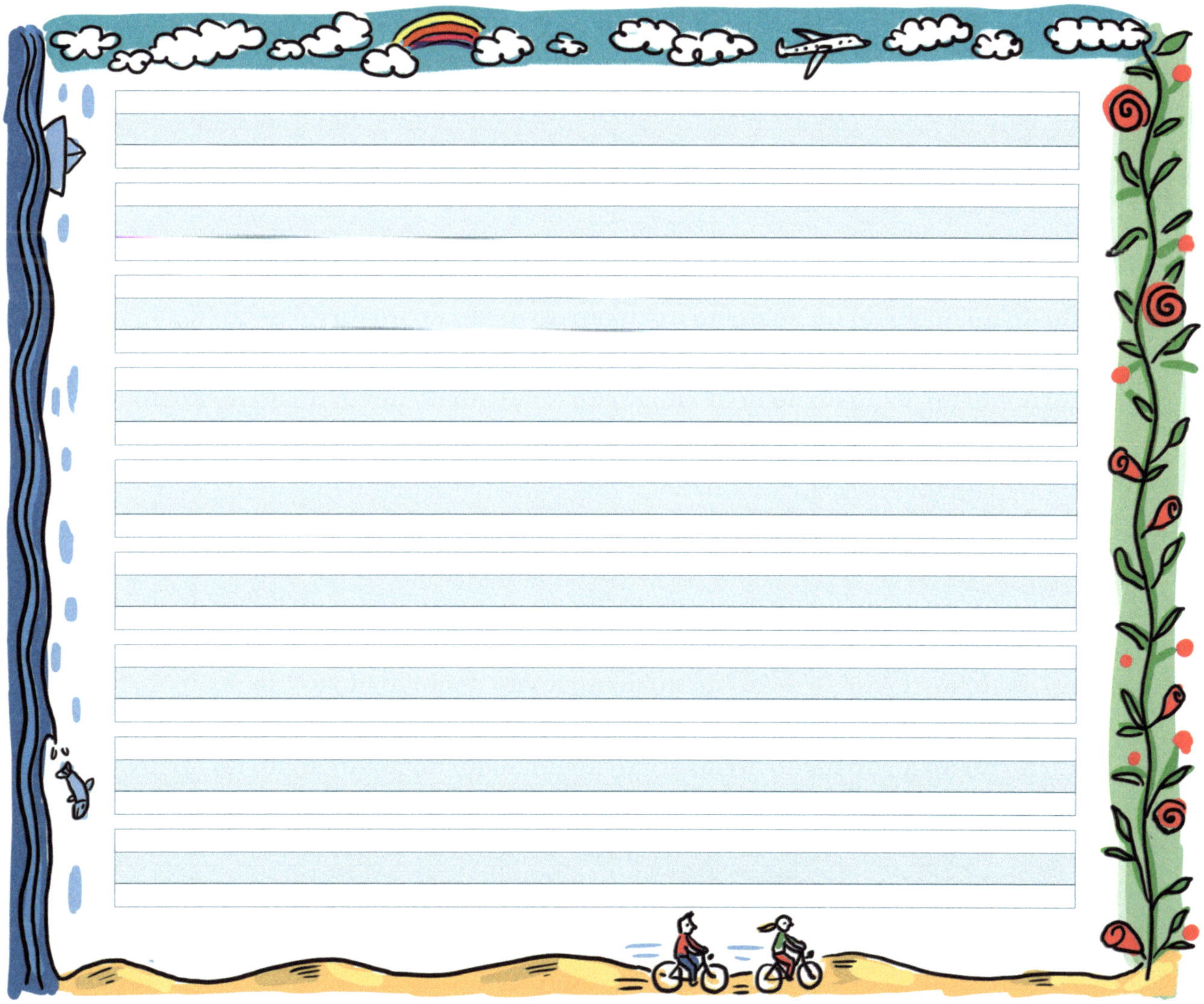

Wörter in Silben gliedern

1 Sprich mit einem Partnerkind.
Was fällt Flex auf?

_____
Unterschrift Partnerkind

Telefon hat drei Silben. In jeder Silbe ist ein Leuchter: e e o.

Würfel hat ...

2 Zeichne Silbenbögen. Markiere die Leuchter.

Müt ze	Mau er	Kuh	Lö we
Ku chen	To ma te	Feu er	Zie ge
Tel ler	Wal	Lei ter	Re gen bo gen

Leuchter heißen **Selbstlaute**.
Selbstlaute sind **a, e, i, o, u**.
Dazu gehören auch
– die Umlaute **ä, ö, ü**,
– die Zwielaute **au, äu, ei, eu**,
– **ie**.

In jeder Silbe ist ein Selbstlaut: Telefon, Haus, Würfel, ...

Selbstlaute in Wörtern identifizieren
Wörter in Silben gliedern

Fö 59
▶ HR

Datum: _____

 1 Sprich deutlich und in Silben. Zeichne Silbenbögen.

 2 Verbinde.

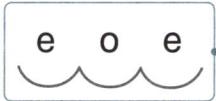

1 Schreibe die Selbstlaute in die Silbenbögen.

 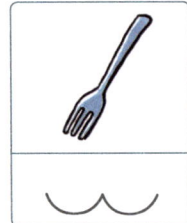    

 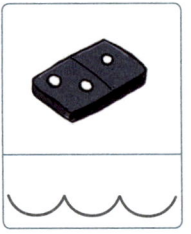 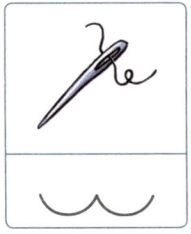

Sprich die Wörter deutlich.

2 Markiere die Selbstlaute. Zeichne Silbenbögen. Schreibe die Wörter geordnet in die Tabelle.

In jeder Silbe ist ein Selbstlaut.

Stern	Salami	Läufer	Haselnuss
Mantel	Fisch	Käsebrot	Faden
Insel	Stift	Hustensaft	Ball

Stern

Selbstlaute in einzelnen Silben identifizieren
Durch deutliches Sprechen die Silbenanzahl bestimmen
Wörter nach Silben geordnet schreiben

KV 45
Fö 61 / Fo 28
HR

3 Zeichne Silbenbögen.
Schreibe die Selbstlaute.

 das F _ℓ_ nst _ℓ_ r

 der R___g___n

 der K___ch___n

 die T___f___l

 der G___rt___n

 der B___s___n

 die ___mp___l

 die ___ns___l

 die F___d___r

 der V___t___r

 4 In jedem Satz ist ein Wort falsch.
Streiche das Wort durch und schreibe es richtig.

Nico spielt im ~~Gartn~~.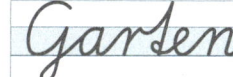

Mein Onkl liest ein Buch.

Papa backt einen Kuchn.

Tim liegt auf dem Bodn.

Mara schaut Bildr an.

 5 Sprich mit einem Partnerkind.
Warum sind die Wörter in Aufgabe 4
falsch geschrieben?

_____
Unterschrift Partnerkind

 6 Finde weitere Wörter.
Schreibe ins Heft.

-en: Garten, ...

-el: Onkel, ...

-er: Vater, ...

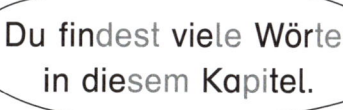 Du findest viele Wörter
in diesem Kapitel.

Selbstlaute in Wörtern identifizieren
Fehler erkennen und berichtigen
Wörter mit -en, -el, -er richtig schreiben

KV 45
Fö 61/Fo 29

9

Richtig abschreiben

Datum: _____

Ich will Wörter und Sätze richtig abschreiben.

Diese 4 Schritte helfen dir!

1 Sprich mit einem Partnerkind.
Wie schreibt man Schritt für Schritt ab?

_____
Unterschrift Partnerkind

 **2** Schreibe die Wörter ab. Arbeite Schritt für Schritt.

das Bild — *das Bild*

der Ring

die Klasse

nehmen

das Buch

3 Schreibe die Sätze ins Heft ab.
Arbeite Schritt für Schritt.
Benutze den Abschreibpfeil.

| Ich kann viel. | Rechnen mag ich sehr. | Ich habe tolle Freunde. |

Den Abschreibpfeil als Hilfsmittel zum Richtigschreiben kennenlernen
Wörter und Sätze schrittweise abschreiben   Fö 62

Datum:_____

 **1** Schreibe die Wörter ab. Arbeite Schritt für Schritt.

der Sohn

beißen

die Uhr

der Abend

schnell

viel

2 Sprich mit einem Partnerkind.
Was hast du in Aufgabe 1 markiert?
Ich habe im Wort Sohn das h markiert, weil …

_____
Unterschrift Partnerkind

 **3** Schreibe die Wörter ab. Arbeite Schritt für Schritt.

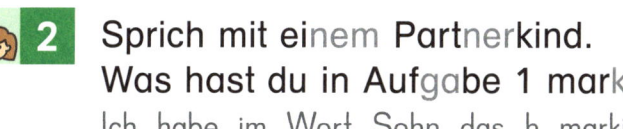

der Schatz

der Schatzsucher

das Schatzsucherspiel

4 Schreibe die Wörter ins Heft ab. Arbeite Schritt für Schritt.
Benutze den Abschreibpfeil.

Januar	Februar	März	April
Mai	Juni	Juli	August
September	Oktober	November	Dezember

Sätze richtig abschreiben

 **1** Schreibe die Sätze ab. Arbeite Schritt für Schritt.

Klassenregeln

Ich bin freundlich.

Ich melde mich.

Ich helfe anderen.

Ich räume auf.

Mit dem Abschreibpfeil deckst du die Sätze ab und schreibst sie auswendig auf.

Vergiss nicht zu kontrollieren!

 **2** Schreibe die Sätze ab. Arbeite Schritt für Schritt.
Merke dir in jedem Satz die Wörter in einer Farbe.

Ich lese gern Bücher über Tiere.

Jeden Dienstag gehe ich zum Judo.

In der Pause spiele ich mit Freunden.

In meiner Klasse sind viele nette Kinder.

Den Abschreibpfeil als Hilfsmittel zum richtigen Abschreiben nutzen
Fehlersensibilität entwickeln
Die Strukturierung von Sätzen in Wortgruppen kennenlernen

KV 47, 48
Fö 63

Einen Text richtig abschreiben

1 Schreibe den Text ab. Arbeite Schritt für Schritt.
Benutze den Abschreibpfeil.
Merke dir in jedem Satz die Wörter in einer Farbe.

Gute Nacht

Um acht Uhr muss Bilal ins Bett.

Aber er ist noch gar nicht müde.

Sein Bruder schläft mit ihm im Zimmer.

Gern würde Bilal mit ihm sprechen.

Aber sein Bruder schläft schon.

Bilal kann nicht einschlafen.

Wenn ich nur wenige Wörter sehe, kann ich mir die schwierigen Stellen viel besser merken.

Mit dem Abschreibpfeil teilst du den Text in kleine Portionen ein.

2 Sprich mit einem Partnerkind.
Was hast du im Text markiert?

Im ersten Satz habe ich ... markiert, weil ...

Unterschrift Partnerkind

Den Abschreibpfeil als Hilfsmittel zum richtigen Abschreiben nutzen
Fehlersensibilität entwickeln
Über rechtschreibschwierige Stellen sprechen

KV 47
Fö 64/Fo 30

13

Wörter üben

1 Sprich mit einem Partnerkind.
Wie kannst du schwierige Wörter üben?

_____
Unterschrift Partnerkind

2 Wähle 3 Wörter aus, die für dich schwierig sind. Kreise sie ein.
Markiere in jedem Wort eine schwierige Stelle.

sitzen	bezahlen	essen	verlieren	fahren	heißen

3 Übe die Wörter, die du in Aufgabe 2 ausgewählt hast:

a) Schreibe jedes Wort in ein oberes Fach.

b) Markiere die schwierige Stelle und kontrolliere.

c) Schreibe die Wörter mit verschiedenen Farben 3-mal untereinander.

Gespür für schwierige Wortstellen entwickeln
Wörter durch häufiges Schreiben üben
Wörter selbstständig kontrollieren

Fö 65 / Fo 31

1 Lies den Text.
Wähle 3 Wörter aus, die für dich schwierig sind.
Kreise sie ein. Markiere in jedem Wort die schwierige Stelle.

Ausflug

Die Kinder der 2b fahren in den Zoo.

Alle sitzen im Bus und freuen sich.

Sie wollen viele Tiere sehen.

Um 12 Uhr füttern sie die Ziegen.

2 Übe die Wörter, die du in Aufgabe 1 eingekreist hast:

a) Schreibe ein Wort 5-mal in die **roten** Felder.

b) Schreibe das nächste Wort 5-mal in die **blauen** Felder.

c) Schreibe das dritte Wort 5-mal in die **grünen** Felder.

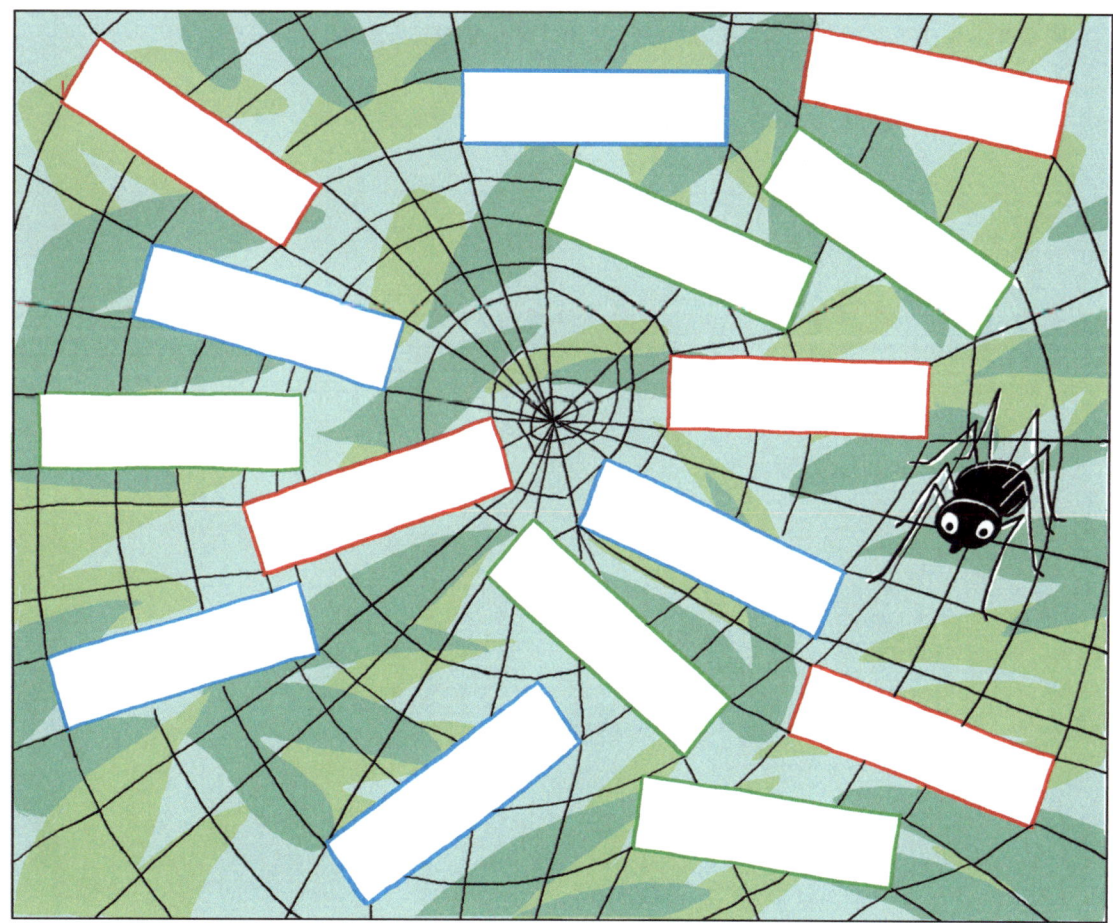

3 Sprich mit einem Partnerkind.
Warum sind die Wörter für dich schwierig?

_____
Unterschrift Partnerkind

Individuelle Übungswörter auswählen
Schwierige Stellen in Wörtern erkennen
Wörter durch gedächtnisgestütztes Schreiben üben

KV 49
Fö 66

31

15

Wörter mit Karten üben

1 Wähle 5 Wörter aus dem Kasten. Kreise sie ein.
Markiere in jedem Wort die Stelle, die für dich schwierig ist.
Schreibe jedes Wort auf eine Karte.

(leer)	dann	ohne	hier
viele	alle	sehr	cool

leer

2 Übe die Wörter, die du auf Karten geschrieben hast:

a) Lies ein Wort mehrmals. Merke dir die markierte Stelle.

b) Lege die Karte verdeckt hin.

c) Schreibe das Wort.

d) Nimm die nächsten Karten und arbeite genauso weiter.

e) Vergleiche deine geschriebenen Wörter mit den Wörtern
auf den Karten. Stimmt etwas nicht? Verbessere.

So kannst du
Wörter und
Sätze üben.

3 Sprich mit einem Partnerkind.
Welche Wörter kannst du jetzt?
Welche Wörter musst du noch üben?

_____
Unterschrift Partnerkind

Individuelle Übungswörter auswählen
Wörter abschreiben und schwierige Stellen markieren
Wörter als Selbstdiktat schreiben und kontrollieren

KV 50
Fö 67

Wörter mit einem Partnerkind üben

Datum: _____

 **1** Suche dir ein Partnerkind
für die Aufgaben 2–4.

_____
Unterschrift Partnerkind

 2 Übt die Wörter aus dem Kasten:

Montag
Dienstag
Mittwoch
Donnerstag
Freitag
Samstag
Sonntag

a) Schaut euch die Wörter genau an
und sprecht über die schwierigen Stellen.

b) Das Partnerkind diktiert das erste Wort
langsam und deutlich.

c) Es sagt „Halt!", wenn du ein Wort
falsch geschrieben hast.

d) Wenn du etwas nicht verstanden hast,
fragst du nach.

e) Am Schluss kontrolliert ihr alle Wörter
und verbessert sie.

Wörter, die du falsch geschrieben hast, musst du üben.

3 Tauscht die Rollen
und arbeitet wie in Aufgabe 2.

 4 Was hat bei eurem Partnerkinddiktat
gut geklappt, was nicht?
Sprecht darüber.

Schwierige Stellen in Wörtern erkennen
Übungsform Partnerkinddiktat anwenden
Nutzen des Partnerkinddiktats reflektieren

KV 51
HR

17

Mit der Wörterliste arbeiten

Wie schreibt man 👕 ?

hel|fen, es hilft
hell
das **Hemd**,
die **Hem|den**
der **Herbst**
der **Herr**, die **Her|ren**
das **Heu**

Schau in der Wörterliste unter **H** nach.

1 Sprich mit einem Partnerkind.
Wozu ist die Wörterliste ab Seite 67 da?
Warum sind einige Wörter **fett** gedruckt?

_____
Unterschrift Partnerkind

2 Sieh dir den Ausschnitt der Wörterliste oben an.

a) Welches Wort steht über dem Wort **Hemd**?

b) Welches Wort steht unter dem Wort **Herbst**?

c) Was steht neben dem Wort **helfen**?

d) Auf welcher Seite in der Wörterliste steht dieser Ausschnitt?

In der Wörterliste sind die Wörter nach dem **ABC** geordnet.
Da kannst du nachschlagen, wie ein Wort geschrieben wird.

3 Suche in der Wörterliste.
Schreibe das erste Wort.

B b *Baby*   **Z z**

K k   **S s**

Sich in der Wörterliste orientieren

Datum: _____

1 Suche in der Wörterliste

a) das letzte Wort mit dem
Anfangsbuchstaben **P**:

b) das längste Wort mit **J**:

c) das erste Wort mit dem
Anfangsbuchstaben **C**:

Das **J** ist
in der Mitte
vom **ABC**.
Also suche ich
in der Mitte
der Wörterliste.

2 Suche in der Wörterliste
das erste Wort mit diesen Buchstaben.

Ha *Haar*

He

Hi

Ho

Hu

Sch

se

So

sp

St

3 Suche die Wörter in der Wörterliste.
Was steht rechts neben dem Wort?

der **Sohn**

das **Kind**

bringen

der **Apfel**

lesen

stehen

4 Suche dir ein Partnerkind.
Stellt euch Aufgaben zur Wörterliste.
Wechselt euch ab.

_____

Unterschrift Partnerkind

Orientierung in der Wörterliste üben
Wörter nach dem zweiten Buchstaben nachschlagen
Wörterlistenrätsel erfinden

KV 52
Fö 68

32

19

Wörter nachschlagen

1 Suche in der Wörterliste.
Schreibe die Namen eines Tieres, …

	Tiername	Seite
… das mit **Af** beginnt.	*Affe*	67
… das mit **Am** beginnt.		
… das mit **Fi** beginnt.		
… das mit **Fl** beginnt.		
… das mit **Gi** beginnt.		
… das mit **Ha** beginnt.		
… das mit **Kä** beginnt.		

Zuerst suche ich den Anfangs-buchstaben, …

… dann hilft mir der 2. Buchstabe.

2 Suche diese Tiere in der Wörterliste.
Schreibe die Wörter und die Seitenzahlen.

Tiername	Seite		Tiername	Seite
Fuchs	69			

3 Suche 5 weitere Tiere in der Wörterliste.
Schreibe sie mit den Seitenzahlen ins Heft.

4 Suche 3 Tiere von Aufgabe 2 in einem Wörterbuch.
Schreibe jeden Tiernamen mit dem Wort davor und danach ins Heft.

20 32

Wörter nach dem zweiten Buchstaben nachschlagen
Schreibung von Bildwörtern nachschlagen
In einem Wörterbuch nachschlagen

KV 53
Fö 69, 70 / Fo 32

Die Wörterliste nutzen

 1 **e** oder **ä**? Suche die Wörter in der Wörterliste.
Schreibe sie mit den richtigen Buchstaben und den Seitenzahlen.

e oder ä?	Wort	Seite
der B**?**r	*der Bär*	*67*
der K**?**se		
das F**?**ld		
das G**?**ld		
der K**?**fer		

 **2** **F** oder **V**? Suche die Wörter in der Wörterliste.
Schreibe sie mit den richtigen Anfangsbuchstaben
und den Seitenzahlen.

F oder V?	Wort	Seite
der **?**ater	*der Vater*	*74*
der **?**uß		
der **?**ogel		
die **?**amilie		
der **?**erkehr		

Fater oder **Vater**? Ich vermute **Fater**. Ich schlage bei **F** nach. Bei **F** steht es nicht. Ich schlage bei **V** nach.

 3 **C** oder **K**? Suche die Wörter in der Wörterliste.
Schreibe sie mit den richtigen Anfangsbuchstaben ins Heft.

Kakao – Seite ..., ...

▮akao	▮lown	▮alender	▮erze	▮omputer

Wörter mit Qu/qu, Sp/sp und St/st schreiben

Einkaufsliste
- ~~Kw~~ark
- ~~Sch~~pinat
- ~~Sch~~tifte

Du kannst die Wörter nicht so schreiben, wie du sie sprichst.

Sp sp   St st   Qu qu

---

1 Sprich mit einem Partnerkind.
Welche Fehler hat Flex gemacht?

_____
Unterschrift Partnerkind

2 Sprich die Wörter mit **Qu**, **Sp** und **St** halblaut.
Schreibe sie geordnet in die Tabelle.

??alm	??inne	??iefel	??adrat	??echt	??uhl
??aghetti	??atsch	??ein	??alle	??iegel	??ift

Qu	Sp	St
Qualm		

3 Markiere in den Wörtern von Aufgabe 2 **Qu**, **Sp** und **St**.

Wenn du ⟨kw⟩, ⟨schp⟩ oder ⟨scht⟩ sprichst,
dann schreibst du das Wort mit **Qu/qu**, **Sp/sp** oder **St/st**:
Qualle, quaken, Spinne, spielen, Stempel, stehen, ...

Sprech- und Schreibweise von *Qu-*, *Sp-* und *St-*Wörtern vergleichen
Phonologische Regelhaftigkeit bei der Schreibung von *Qu/qu*, *Sp/sp*
und *St/st* erkennen und anwenden

1 Welche **2 Wörter** mit **Qu/qu** sind für dich schwierig? Kreise sie ein.

Immer, wenn du **kw** sprichst, schreibst du **Qu/qu**.

a) Schreibe deine Wörter in die grünen Zeilen.

b) Markiere **Qu/qu** und kontrolliere.

c) Schreibe die Wörter mit verschiedenen Farben 3-mal untereinander.

| Quark | Quatsch | Qualm | quaken | quer | bequem | Aquarium |

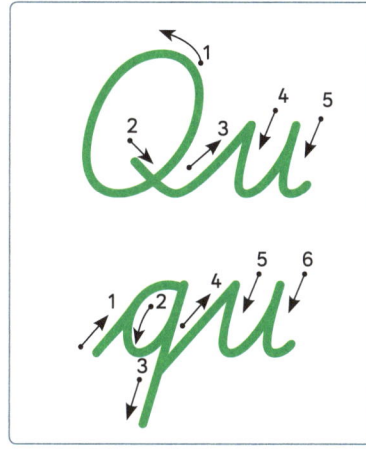

2 Schreibe die Wörter mit **Qu**. Kontrolliere mit der Wörterliste.

Quirl

3 Schreibe mit den Wörtern Quatschsätze ins Heft.

Opa quakt am Teich.

Opa	spielt	Quartett.
Die Qualle	schwimmt	kreuz und quer.
Lina	quatscht	im Unterricht.
Der Frosch	quakt	am Teich.

1 Markiere in den Wörtern **Sp/sp** und **St/st**.
Ein Wort passt nicht. Streiche es durch.

Strand	sprechen	Strumpf
Spaß	Schal	Sport	strickt
springen	spielen	Steine

Wenn du (schp) sprichst, schreibst du **Sp/sp**.

Wenn du (scht) sprichst, schreibst du **St/st**.

2 Lies die Wörter
von Aufgabe 1
einem anderen Kind
langsam und deutlich vor.

_____
Unterschrift Partnerkind

3 Schreibe die Wörter von Aufgabe 1 geordnet.

Sp/sp	

St/st	*Strand,*

4 Setze die passenden Wörter von Aufgabe 1 in die Sätze ein.

Am _____ suche ich

Muscheln und _____.

Die Kinder _____ mit dem Seil

und _____ einen Reim.

5 Schreibe eigene Sätze mit Wörtern mit **Sp/sp** und **St/st** ins Heft.

Phonologische Regelhaftigkeit bei der Schreibung von *Sp/sp* und *St/st* erkennen und anwenden

KV 56, 57
Fö 73, 74
HR

Datum: _____

 1 Schreibe die passenden Wörter mit **QU**, **SP** und **ST**
in das Kreuzworträtsel.

| QUARK | STUNDE | SPATZ | ~~STRAUCH~~ | QUALM |

a) Pflanze

b) Rauch

c) Vogel

d) 60 Minuten

e) Milchprodukt

S T R A U C H

Lösungswort: _____

 **2** Lies den Text.
Markiere **Qu/qu**, **Sp/sp** und **St/st**.

Der Traum vom Aquarium

Ben spart schon lange sein Taschengeld.

Er träumt von einem Aquarium.

Bei einem Spaziergang spricht er mit Steffi darüber.

Steffi sagt: „So ein Quatsch!

Fische kannst du doch nicht streicheln.

Kauf dir einen Hund!

Mit einem Hund kannst du spielen."

Ben antwortet: „Das verstehst du nicht!

Ich finde Fische spannend."

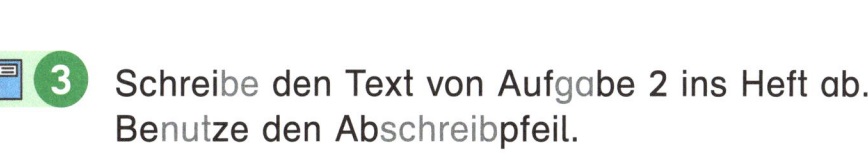 **3** Schreibe den Text von Aufgabe 2 ins Heft ab.
Benutze den Abschreibpfeil.

 4 Übe 3 schwierige Wörter mit **Qu/qu**, **Sp/sp**
oder **St/st** von Aufgabe 2 .
Wähle dafür eine Übung von den Seiten 14 – 17.

Phonologische Regelhaftigkeit bei der Schreibung von *Sp/sp* und
St/st erkennen und anwenden
Einen Text abschreiben und selbstständig schwierige Wörter üben   Fo 34

33-34   **25**

Nomen großschreiben

Muss ich großschreiben?

Mache die Probe mit **ein/eine** und **viele**: **ein Hase – viele Hasen.**

der **Ha|se**, die **Ha|sen**

das **Haus,**

die **Häu|ser**

die **Haut,** die **Häu|te**

die **He|cke,**

die **He|cken**

das **Heft,** die **Hef|te**

heiß

1 Sprich mit einem Partnerkind. Warum schreibst du 🐰 groß?

_____

Unterschrift Partnerkind

2 Welche Wörter in der Wörterliste werden großgeschrieben? Markiere sie.

3 Schreibe einige Wörter aus der Wörterliste in Einzahl und Mehrzahl.

ein/eine → Einzahl	**viele → Mehrzahl**
ein Haus	*viele Häuser*
ein	

Das ist die **Nomenprobe:** ein Heft – viele Hefte, eine Maus – viele Mäuse.

Heft und **Maus** sind **Nomen:** Nomen schreibst du **groß.**
Viele Nomen sind Wörter für Menschen, Tiere, Pflanzen und Dinge.
Nomen gibt es in der **Einzahl** und in der **Mehrzahl.**

4 Mache die Nomenprobe: *ein klein – viele klein, ein Kind – viele Kinder, ...*
Markiere die 4 Nomen und verbessere sie.

| klein | K̶kind | wie | und | auto | doch | hund | tisch |

Die Wortart *Nomen* kennenlernen
Die Nomenprobe kennenlernen und für die Großschreibung nutzen
Nomen mithilfe der Nomenprobe identifizieren

Datum: _____

 **1** Schreibe die Nomen für die Menschen geordnet in die Tabelle.

| Kind | Oma | Junge | Tante | Papa |

ein / eine → Einzahl	viele → Mehrzahl
ein Kind	*viele Kinder*
eine	

 **2** Markiere in Aufgabe 1 die Anfangsbuchstaben der Nomen.

Viele Nomen kannst du zählen: 3 Omas, 5 Hunde, viele Kinder, …

3 Schreibe die Einzahl oder die Mehrzahl der Tiere. Kontrolliere mit der Wörterliste.

 *ein Hund*

 *viele*

 **4** Markiere in Aufgabe 3 die Anfangsbuchstaben der Nomen.

Nomen für Menschen und Tiere kennenlernen
Die Nomenprobe für die Großschreibung nutzen
Einzahl und Mehrzahl von Nomen bilden

KV 58
HR

35   **27**

 **1** Schreibe die Nomen für Pflanzen geordnet in die Tabelle.

 Zweig  Blüte  Hecke

 Wurzel  Tanne  Blume

ein / eine → Einzahl	viele → Mehrzahl
ein Zweig	*viele Zweige*
eine	

 **2** Markiere in Aufgabe 1 die Anfangsbuchstaben der Nomen.

3 Schreibe die Einzahl oder die Mehrzahl der Dinge.
Kontrolliere mit der Wörterliste.

ein Buntstift — *viele*

 **4** Markiere in Aufgabe 3 die Anfangsbuchstaben der Nomen.

5 Schreibe 10 Nomen für Dinge ins Heft:
eine Schere – viele Scheren, ...

Nomen für Pflanzen und Dinge kennenlernen
Die Nomenprobe für die Großschreibung nutzen
Einzahl und Mehrzahl von Nomen bilden

KV 59
Fö 75
HR

Nomen ordnen und kontrollieren

 **1** Schreibe Nomen geordnet in die Tabelle.
Mache die Nomenprobe. Die Wörterliste hilft dir.

Menschen	Tiere	Pflanzen	Dinge
Opa			

2 In diesem Text sind die Nomen falsch geschrieben.
Mache die Nomenprobe. Kreise die Nomen ein.

So geht
die Nomenprobe:
**ein Laden –
viele Läden.**

Im (laden)

Meine oma geht einkaufen.	1 Nomen
Ihr hund muss vor der tür warten.	2 Nomen
Sie kauft äpfel, blumen und brot.	3 Nomen
Da bellt der hund vor dem laden.	2 Nomen
Schnell holt oma einen knochen.	2 Nomen
An der kasse muss sie warten.	1 Nomen

3 Schreibe den Text von Aufgabe 2 richtig ins Heft ab.
Benutze den Abschreibpfeil.

4 Übe 3 schwierige Wörter von Aufgabe 2.
Wähle dafür eine Übung von den Seiten 14 – 17.

Nomen selbstständig verschriften und ordnen
Die Nomenprobe für die Großschreibung nutzen
Einen Text abschreiben und selbstständig schwierige Wörter üben
KV 60
Fö 76-78 / Fo 35, 36
35
29

Satzanfänge großschreiben

Ich habe zwei Hasen in meiner Brotdose sind Äpfel und Gurken.

Da hast du etwas vergessen!

1 Sprich mit einem Partnerkind.
Was meint Flex?

Unterschrift Partnerkind

2 Markiere die Satzanfänge und die Punkte am Satzende.

Heute scheint die Sonne.

Im Garten liegt ein Ball.

Linus sitzt auf der Schaukel.

Papa hat eine Schaufel in der Hand.

Das **erste Wort** in einem Satz schreibst du **groß**.
Am Ende des Satzes setzt du einen **Punkt**.
So kannst du Texte leichter lesen:
Heute scheint die Sonne. Im Garten liegt ein Ball.

Auch in einer **Überschrift** schreibst du das erste Wort groß.

3 Verbessere die Satzanfänge.
Setze die Punkte am Satzende.

Auf dem Schulhof steht ein Eimer. die

Blätter wehen im Wind der Hausmeister

fegt das Laub ich kann heute

einen Drachen steigen lassen

4 Markiere jeden Punkt in Aufgabe 3. Es gibt _____ Punkte.

Großschreibung am Satzanfang kennenlernen
Punkt als Satzschlusszeichen kennenlernen und verwenden
Satzanfänge und Punkte in Sätzen und Texten ergänzen

▶ HR

Satzanfänge erkennen

 **1** Markiere die Satzanfänge und die Punkte am Satzende.

Das Gras ist grün.
Die Ampel leuchtet gelb.
Im Karton sind sechs Eier.
Meine Haare sind schwarz.
Ich mag bunte Bilder.

 **2** Setze die Punkte am Satzende.

Die Übernachtung

Heute will ein Freund bei Tobias schlafen. Amir
kommt am Nachmittag zu ihm Sie bauen
im Sandkasten eine Burg Nach dem Essen
ziehen sie die Schlafanzüge an Dann dürfen sie
einen Film sehen Mit dem Zähneputzen warten
sie noch Tobias und Amir wollen Popcorn machen

 **3** Markiere die Satzanfänge und die Punkte in Aufgabe 2.

 **4** Schreibe passende Satzanfänge. Setze die Punkte am Satzende.

Auf dem Markt

in	_Auf_ dem Markt kauft Oma Gemüse.
heute	_____ sind Tomaten im Angebot
~~auf~~	_____ Omas Tasche klingelt das Handy
aber	_____ ruft an und wünscht sich Schokolade
Lara	_____ Oma kauft lieber etwas Obst für sie

> Am Satzanfang schreibst du groß.

 **5** Markiere in Aufgabe 4 die Satzanfänge und die Punkte am Satzende.

6 Schreibe den Text von Aufgabe 2 oder 4 ins Heft ab.
Benutze den Abschreibpfeil.

Die Großschreibung am Satzanfang bewusst machen
Punkt als Satzschlusszeichen verwenden
Passende Satzanfänge und Punkte in einem Text ergänzen

KV 61
Fö 79-81

36

31

Sätze bilden und schreiben

 **1** Verbinde und schreibe 4 sinnvolle Sätze.

Onkel Otto	singt	einen Baum.
Herr Adam	pflanzt	Wasser.
Mein Bruder	strickt	ein Lied.
Die Oma	trinkt	einen Schal.

Onkel Otto pflanzt

---

2 Verbinde und schreibe 5 sinnvolle Sätze.

die Katze	hängt	ein Paket
der Postbote	lauert	an der Wand
die Lampe	bringt	im Garten
unser Baby	spielt	auf der Decke
mein Freund	liegt	mit Autos

Denke auch an die Punkte am Satzende.

Die Katze lauert im Garten.

---

3 Markiere in Aufgabe 2 die Satzanfänge und die Punkte am Satzende.

Sätze aus Satzbausteinen bilden
Satzanfänge großschreiben
Satzschlusszeichen setzen

KV 62

Sätze als Sinneinheit erkennen

1 Lies die Texte.
Verbessere die Satzanfänge.
Setze die Punkte am Satzende.
Markiere die Punkte.

Mein kleiner Bruder wünscht sich
eine Puppe. heute kocht Opa das
Essen es klingelt an der Haustür
am liebsten mag Lilo Hunde die
Familie geht morgen ins Kino im
Sommer fahren wir ans Meer

Jeder Satz hat
einen eigenen
Sinn.

Jonas möchte so gern ein Haustier haben. Heute
bekommt er einen Hamster er kann in der Schule
nicht still sitzen endlich holen die Eltern ihn ab dann
kaufen sie einen Hamster er soll Rübe heißen

Am Samstag schlafe ich bei Oma im Keller
steht ein alter Schrank mit ihren Sachen
verkleide ich mich gern im Wohnzimmer
mache ich dann eine Modenschau am Sonntag
holt Mama mich wieder ab

2 Schreibe einen Text von Aufgabe 1 ins Heft ab.
Benutze den Abschreibpfeil.

Sätze als Sinneinheiten erkennen
Die Rechtschreibregel *Großschreibung am Satzanfang* anwenden
Einen Text abschreiben

KV 62
Fö 82/Fo 37

R3

36

33

Verlängern: Auslaute hörbar machen

Hund oder **Hunt**?

Wunschzettel
- Kleid
- Hut
- Hun?

1 Sprich mit einem Partnerkind.
Warum schreibst du 🐕 mit **d**?

Unterschrift Partnerkind

2 Bilde die Mehrzahl der Nomen. Schreibe sie dann mit **d** oder **t**.
Markiere **d** und **t**.

		verlängern ➡	darum schreibt man
d **?** **t**	ein Lie**?**	*viele Lieder*	*Lied*
	ein Pfer**?**		
	ein Hef**?**		

3 Bilde die Mehrzahl der Nomen. Schreibe sie dann mit **g** oder **k**.
Markiere **g** und **k**.

		verlängern ➡	darum schreibt man
g **?** **k**	ein Ber**?**	*viele*	
	eine Ban**?**		
	ein Ta**?**		

4 Schreibe die Wochentage ins Heft: *Montag, ...*
Kontrolliere mit der Wörterliste.

Für das Rechtschreibphänomen der Auslautverhärtung sensibilisieren
Die Rechtschreibstrategie *Verlängern* kennenlernen

5 Bilde die Mehrzahl der Nomen. Schreibe sie dann mit **b** oder **p**. Markiere **b** und **p**.

	verlängern 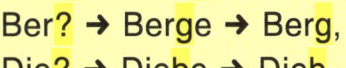	darum schreibt man
b ? **p**	ein Sie? — *viele*	
	ein Die?	
	ein Kor?	

Wenn du Nomen **verlängerst**, kannst du hören,
wie sie am Ende geschrieben werden: Klei? → Kleider → Kleid,
Ber? → Berge → Berg,
Die? → Diebe → Dieb, …

6 Verlängere die Nomen. Setze dann **d** oder **t**, **g** oder **k** ein.

Melissa fährt gern Zu _g_ .   *viele Züge*

Luis malt ein Bil____ .

Pia macht das Lich____ aus.

Bringst du mir ein Geschen____ mit?

Ida sammelt Muscheln am Stran____ .

Der Win____ weht stark.

7 Schreibe die Sätze von Aufgabe 6 ins Heft ab.
Benutze den Abschreibpfeil.

8 Übe 3 Wörter von Aufgabe 6 mit **d** oder **t**, **g** oder **k**.
Wähle dafür eine Übung von den Seiten 14 – 17.

Verlängern üben

1 Verlängere: Bilde die Mehrzahl der Nomen.
Schreibe sie dann mit **d** oder **t**, **g** oder **k**, **b** oder **p**.

	verlängern 	darum schreibt man
d ? **t** — eine Wan**?**	*viele Wände*	*eine Wand*
d ? **t** — ein Bro**?**		
g ? **k** — ein Ber**?**		
g ? **k** — ein Schran**?**		
b ? **p** — ein Die**?**		
b ? **p** — ein Kor**?**		

2 Markiere in den Nomen von Aufgabe 1 **d** oder **t**, **g** oder **k**, **b** oder **p**.

3 Warum schreibt man die Wörter von Aufgabe 1
mit **d** oder **t**, **g** oder **k**, **b** oder **p**?
Erkläre es einem Partnerkind.
Wand schreibt man mit d, weil ...

_____
Unterschrift Partnerkind

4 In jedem Satz ist ein Wort falsch geschrieben.
Streiche es durch. Verlängere das Wort
und schreibe es richtig.

Opa kauft ein ~~Bilt~~. → *Bild*

Oma knetet den Teik für den Kuchen. →

Alva schläft heute im Zeld. →

Der Mont scheint hell. →

Die Rechtschreibstrategie *Verlängern* anwenden und üben
Rechtschreibgespräche führen
Rechtschreibgespür entwickeln und Fehler berichtigen

KV 63
Fö 83-87

Wörter in Texten verlängern

1 Verlängere die Nomen. Setze dann **d** oder **t**, **g** oder **k** ein.

viele

Am Sonnta___ will die Familie → *Sonntage*

einen Ausflu____ zum See machen.

Der Vater möchte gern

mit dem Ra____ um den See fahren.

Tilo will auf einem Pfer____ reiten.

Die Mutter wünscht sich eine Fahrt

mit dem Boo____. Am Ende

verbringen sie den Ta____ im Zoo.

2 Verlängere die Nomen. Setze dann **d** oder **t**, **g** oder **k** ein.

Ausflu____ zur Bur____

Die Klasse fährt heute mit dem Zu____.

Dann wandern die Kinder durch den Wal____.

Bald entdecken sie auf dem We____

ein Schil____ zur Bur____.

Es ist Zei____ für eine Pause.

Die Kinder haben Bro____ und Saf____ dabei.

Da sehen sie auf dem Ber____ schon die Bur____.

Verlängere das Wort im Kopf oder sprich halblaut.

3 Schreibe einen Text von dieser Seite ins Heft ab.
Benutze den Abschreibpfeil.

4 Übe 3 schwierige Wörter von Aufgabe 2.
Wähle dafür eine Übung von den Seiten 14 – 17.

Die Rechtschreibstrategie *Verlängern* anwenden und üben
Einen Text abschreiben und selbstständig schwierige Wörter üben

KV 64
Fö 87 / Fo 38

37

Wortbausteine erkennen

1 Sprich mit einem Partnerkind.
Wie bauen Flex und Flora Wörter?

_____
Unterschrift Partnerkind

2 Bilde aus den Wortbausteinen von oben Wörter.
Schreibe sie geordnet.

-schreib-	*verschreiben,*

Schreib-	*Schreibeheft,*

3 Kreise ein:

a) den Wortbaustein in der **Mitte** rot. Das ist der Wortstamm.

b) den Wortbaustein am **Anfang** des Wortes blau.

c) den Wortbaustein am **Ende** des Wortes orange.

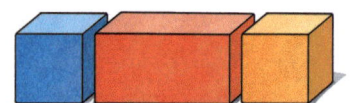

ver - fahr - en   an - fahr - en

vor - fahr - en   ab - fahr - en

Den Aufbau von Wörtern aus Wortbausteinen erkennen
In Wörtern den Wortstamm als gemeinsamen Wortbaustein erkennen
Aus Wortbausteinen Wörter bilden

 **4** Welche Wörter gehören zusammen? Verbinde.

das **Glück**   herz**lich**

der **Freund**   dreck**ig**

das **Herz**   kräft**ig**

der **Sport**   glück**lich**

der **Dreck**   mut**ig**

die **Kraft**   witz**ig**

der **Witz**   freund**lich**

der **Mut**   sport**lich**

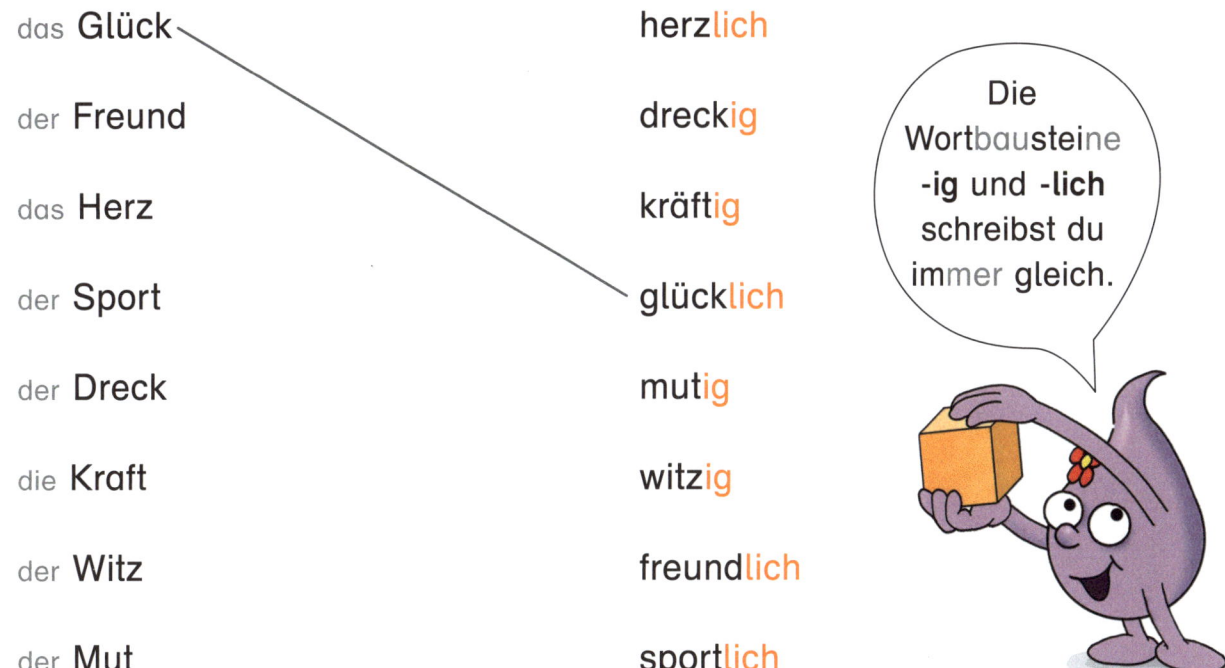

Die Wortbausteine **-ig** und **-lich** schreibst du immer gleich.

 **5** Schreibe die Wörter von Aufgabe 4 geordnet in die Tabelle.

-ig	**-lich**
	glücklich

 **6** Kreise in den Wörtern von Aufgabe 5
die Wortbausteine **-ig** und **-lich** orange ein.

Wörter bestehen aus verschiedenen **Wortbausteinen**.
Wortbausteine schreibst du gleich: **ver-**, **vor-**, **-ig**, **-lich**.

Wörter mit dem gleichen **Wortstamm** gehören zu einer **Wortfamilie**:
Schreibheft, **Schreib**er, ab**schreib**en, ver**schreib**en.

Die Wortbausteine *-ig, -lich* als Wortbausteine am Ende erkennen   KV 65
Wörter mit den Wortbausteinen *-ig* und *-lich* ordnen   Fö 88/Fo 39
Die Kenntnis über Wortbausteine für die Rechtschreibung nutzen   HR   40   **39**

Wörter mit ver- und vor- bilden

 **1** Bilde Wörter mit den Wortbausteinen **ver-** und **vor-**.
Schreibe die Wörter geordnet.

| schreiben   fahren   tragen   stellen   lassen   sprechen   lesen |

ver-
verschreiben,

vor-
vorschreiben,

 **2** Kreise die Wortbausteine **ver-** und **vor-**
in Aufgabe 1 **blau** ein.

3 Finde Wörter mit den Wortbausteinen **ver-** und **vor-**.
Schreibe die Wörter geordnet in die Tabelle.

ver-	vor-
vergessen	

Die Wortbausteine **ver-** und **vor-** schreibst du immer mit **v**.

 **4** Kreise die Wortbausteine **ver-** und **vor-** in Aufgabe 3 **blau** ein.

ver-, vor- als Wortbausteine am Anfang erkennen
Wörter mit den Wortbausteinen ver- und vor- bilden
Die Kenntnis über Wortbausteine für die Rechtschreibung nutzen

KV 66
Fö 89/Fo 40
HR

1 Kreise in den Wörtern den Wortstamm **Fahr/fahr/fähr** rot ein.
Schreibe die Wörter geordnet in die Tabelle.

ab(fahren	vermuten	Gefahr	Fahrrad	mutlos
Fahrkarte	mutig	gefährlich	zumuten	Vermutung

Wortfamilie fahren

abfahren

Wortfamilie Mut

2 Lies den Text. Kreise ein:

a) die Wortbausteine **ver-** und **vor-** blau.

b) die Wortbausteine **-ig** und **-lich** orange.

Wochenende bei Opa

Jan (ver)bringt das Wochenende bei Opa.

Sie verlegen im Garten Platten.

Nach der Arbeit sind Jans Schuhe dreckig.

Auch seine Hände sind schmutzig.

Jan wäscht sie gründlich.

„Sehr ordentlich", lobt Opa. „Soll ich dir jetzt vorlesen?"

3 Schreibe den Text von Aufgabe 2 ins Heft ab.
Benutze den Abschreibpfeil.

4 Übe 3 schwierige Wörter mit **-ig** und **-lich**, **ver-** und **vor-**.
Wähle dafür eine Übung von den Seiten 14–17.

Den Wortbaustein *Fahr/fahr/fähr* als gemeinsamen Wortbaustein einer
Wortfamilie erkennen   Fö 90
Einen Text abschreiben und selbstständig schwierige Wörter üben   HR

41

Wörter mit ä und äu ableiten

Datum: _____

1 Sprich mit einem Partnerkind.
Was passiert mit den Wörtern
in der Maschine?

_____
Unterschrift Partnerkind

2 Bilde die Einzahl. Setze dann **ä** oder **e** in der Mehrzahl ein.

ä oder e?	Einzahl bilden	darum schreibt man
K**?**mme	*ein Kamm*	*viele Kämme*
Schr**?**nke		
H**?**nde		
M**?**nner		

3 Bilde die Einzahl. Setze dann **äu** oder **eu** in der Mehrzahl ein.

äu oder eu?	Einzahl bilden	darum schreibt man
H**??**ser	*ein Haus*	*viele Häuser*
B**??**me		
M**??**se		

4 Markiere **a** und **ä**, **au** und **äu** bei den Wörtern in Aufgabe 2 und 3.

Die Rechtschreibstrategie *Ableiten* als Hilfe bei der Richtigschreibung
kennenlernen
Nomen mit Umlauten durch Einzahlbildung ableiten

 **5** Welche Wörter gehören zusammen? Verbinde.

Wäsche oder Wesche? Hier musst du Wörter aus der Wortfamilie suchen und ableiten: **waschen, Wäsche.**

waschen	Bäcker
raten	Gefängnis
backen	Wäsche
verkaufen	Rätsel
fangen	Räuber
rauben	Verkäufer

 **6** Schreibe die Wörter von Aufgabe 5 geordnet.

waschen – Wäsche,

 **7** Markiere **a** und **ä**, **au** und **äu** bei den Wörtern in Aufgabe 6.

Du schreibst ein Wort mit **ä**,
wenn du es von einem verwandten Wort mit **a ableiten** kannst:

Kamm – Kämme, waschen – Wäsche, …

Du schreibst ein Wort mit **äu**,
wenn du es von einem verwandten Wort mit **au ableiten** kannst:

Haus – Häuser, rauben – Räuber, …

Die Rechtschreibstrategie *Ableiten* als Hilfe bei der Richtigschreibung kennenlernen
Wörter mit Umlauten von verwandten Wörtern ableiten ▶ HR

43

Von der Einzahl ableiten

1 ä oder e? Bilde die Einzahl und leite ab.

ä oder e?	Einzahl ⬇	darum schreibt man
G**?**nse	*eine Gans*	*viele Gänse*
R**?**der		
St**?**rne		
S**?**fte		
K**?**rzen		

Es gibt _____ Wörter mit **ä** und _____ Wörter mit **e**.

2 äu oder eu? Bilde die Einzahl und leite ab.

äu oder eu?	Einzahl ⬇	darum schreibt man
M**??**se	*eine Maus*	*viele Mäuse*
Fr**??**nde		
Schl**??**che		
F**??**ste		
Z**??**ne		
B**??**len		

Es gibt _____ Wörter mit **äu** und _____ Wörter mit **eu**.

 **3** Warum schreibt man **Träume** mit **äu**
und **Eulen** mit **Eu**?
Erkläre es einem Partnerkind.

_____
Unterschrift Partnerkind

Die Rechtschreibstrategie *Ableiten* als Hilfe bei der Richtigschreibung
anwenden   KV 67
Die Strategie *Ableiten* in einem Rechtschreibgespräch erklären   Fö 91, 92

Von der Wortfamilie ableiten

1 Suche ein passendes Wort aus der Wortfamilie.
Schreibe es und leite ab.

Stange	tanzen	Jahr	Schaf

ä oder e?	Wort aus der Wortfamilie	darum schreibt man
St?ngel	*Stange*	*Stängel*
j?hrlich		
Sch?fer		
T?nzer		

2 Markiere **a** und **ä** bei den Wörtern in Aufgabe 1.

3 Welches Wort hilft dir?
Verbinde und setze dann **ä** oder **äu** ein.

Afrim ist ein guter L *äu* fer.

Er übt t____glich.

Vor jedem Lauf muss er sich gut aufw____rmen.

Lange Strecken sind seine St____rke.

Dabei schl____gt er jeden Gegner.

Manchmal tr____mt er von einem großen Sieg.

Tag
stark
laufen
Traum
warm
schlagen

4 Schreibe den Text von Aufgabe 3 ins Heft ab.
Benutze den Abschreibpfeil.

5 Übe 3 schwierige Wörter mit **ä** oder **äu** von Aufgabe 3.
Wähle dafür eine Übung von den Seiten 14–17.

Die Rechtschreibstrategie *Ableiten* als Hilfe bei der Richtigschreibung
anwenden
Einen Text abschreiben und selbstständig schwierige Wörter üben

KV 68
Fö 93/Fo 41, 42

R5

42-43

45

Offene Silben und geschlossene Silben erkennen

1 Sprich mit einem Partnerkind.
Was fällt Flex und Flora auf?

_____

2 Zeichne Silbenbögen. Markiere den Selbstlaut in der ersten Silbe.

Blume	Fenster	Wolke	Schule
trinken	fangen	geben	liegen

3 Sprichst du den markierten Selbstlaut in Aufgabe 2 lang _ oder kurz .?
Schreibe _ oder . unter den markierten Selbstlaut.

4 Schreibe die Wörter von Aufgabe 2 geordnet.

Die erste Silbe  endet mit einem Selbstlaut. → Die Silbe ist offen. → Der Selbstlaut klingt lang _ .	*Blume,*

Die erste Silbe endet mit einem Mitlaut. → Die Silbe ist geschlossen. → Der Selbstlaut klingt kurz . .	*Fenster,*

Zweisilbige Wörter in Silben gliedern und Selbstlaute markieren
Offene und geschlossene Silben erkennen
Vokallängen unterscheiden

Fo 43

5 Zeichne Silbenbögen.
Markiere den Selbstlaut in der ersten Silbe.
Schreibe _ oder . unter den markierten Selbstlaut.

Die erste Silbe endet mit einem Selbstlaut. Ich spreche den Selbstlaut lang.

Blüte	Krone	Käfer	Kugel
fragen	toben	bleiben	suchen

6 Zeichne Silbenbögen.
Markiere den Selbstlaut in der ersten Silbe.
Schreibe _ oder . unter den markierten Selbstlaut.

Die erste Silbe endet mit einem Mitlaut. Ich spreche den Selbstlaut kurz.

Lampe	Tante	helfen	Rinde
rutschen	Bürste	turnen	Morgen

7 Welches Wort passt? Kreuze an.

a) Die erste Silbe endet mit einem Selbstlaut. ☒ Krone ☐ Morgen

b) Der Selbstlaut in der ersten Silbe klingt kurz. ☐ Rinde ☐ Kugel

c) Die erste Silbe ist offen. ☐ Tante ☐ fragen

d) Die erste Silbe endet mit einem Mitlaut. ☐ helfen ☐ bleiben

e) Die erste Silbe ist geschlossen. ☐ toben ☐ turnen

Jede **Silbe** enthält einen **Selbstlaut**.

Wenn die erste Silbe mit einem Selbstlaut endet,
dann ist die Silbe **offen**.
Der Selbstlaut wird **lang _ gesprochen**.
Blume, malen, …

Wenn die erste Silbe mit einem Mitlaut endet,
dann ist die Silbe **geschlossen**.
Der Selbstlaut wird **kurz . gesprochen**.
Fenster, trinken, …

Selbstlaute in offenen und geschlossenen Silben markieren
Merkmale von offenen und geschlossenen Silben in Wörtern
identifizieren   Fö 94, 95/Fo 43   44   **47**

 **1** Zeichne Silbenbögen. Markiere den Selbstlaut in der ersten Silbe.

 die Tüte	 das Pflaster	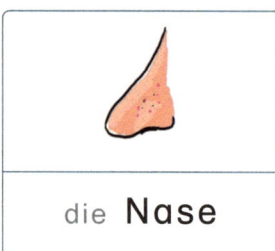 die Nase	 die Hose
 die Wolke	 die Ampel	 die Birne	 die Schere

2 Sprichst du den markierten Selbstlaut in Aufgabe 1 lang _ oder kurz .?
Schreibe _ oder . unter den markierten Selbstlaut.

 **3** Zeichne Silbenbögen. Markiere den Selbstlaut in der ersten Silbe.
Schreibe _ oder . unter den markierten Selbstlaut.

leben	denken	Wiese	lernen
hören	sägen	Hilfe	Farbe

4 Schreibe die Wörter von Aufgabe 3 geordnet.

Die erste Silbe
endet mit einem Selbstlaut.
→ Die Silbe ist offen.
→ Der Selbstlaut klingt lang _ .

leben,

Die erste Silbe endet
mit einem Mitlaut.
→ Die Silbe ist geschlossen.
→ Der Selbstlaut klingt kurz . .

48

Zweisilbige Wörter in Silben gliedern und Selbstlaute markieren
Vokallängen und offene und geschlossene Silben unterscheiden

KV 69, 70
Fö 96

5 Zeichne Silbenbögen. Markiere den Selbstlaut in der ersten Silbe.
Schreibe _ oder . unter den markierten Selbstlaut.

Monat	Farbe	Boden	Wurzel	Schule
Hose	Winter	Onkel	Regen	Tochter

6 Wähle für jeden Satz ein passendes Wort von Aufgabe 5. Schreibe.

a) Die erste Silbe ist offen.

b) Der Selbstlaut in der ersten Silbe klingt kurz.

c) Die erste Silbe endet mit einem Selbstlaut.

d) Die erste Silbe ist geschlossen.

7 Lies den Text.
Zeichne Silbenbögen unter die blauen Wörter.
Markiere den Selbstlaut in der ersten Silbe.

Regen

Die Wolken sind dunkel.

Regen fällt auf den Rasen.

Auch die Wege sind nass.

Die Kinder sehen Vögel.

Die Tiere putzen ihre Federn.

8 Schreibe den Text von Aufgabe 7 ins Heft ab.
Benutze den Abschreibpfeil.

9 Übe 3 schwierige Wörter von Aufgabe 7.
Wähle dafür eine Übung von den Seiten 14–17.

Vokallängen und offene und geschlossene Silben unterscheiden
Einen Text abschreiben und selbstständig schwierige Wörter üben

44   **49**

1 Sprich mit einem Partnerkind.
Was meinen Flex und Flora?

Unterschrift Partnerkind

2 Sprich die Wörter halblaut. Sprich **ie** ganz lang.
Zeichne Silbenbögen. Markiere **ie** und schreibe ＿.

die **Biene**	die **Wiese**	der **Stiefel**	die **Fliege**
der **Spiegel**	die **Ziege**	die **Wiege**	die **Zwiebel**

3 Sprich die Wörter halblaut. Verbinde die Reimwörter und schreibe sie.
Zeichne Silbenbögen und markiere **ie**.

fliegen	spielen
siegen	gießen
zielen	liegen
schießen	wiegen

fliegen

4 Zeichne Silbenbögen und markiere **ie**. Schreibe die Einzahl der Nomen.

viele Briefe — *ein Brief*   viele Siebe

viele Diebe   viele Tiere

viele Spiele   viele Lieder

Für Wörter mit *ie* sensibilisert werden
Wörter mit *ie* deutlich sprechen
Wörter mit *ie* schreiben

KV 72
Fö 97, 98

 **5** Setze die Wörter zusammen und bilde Nomen mit **Spiegel-**.
Schreibe sie. Markiere **ie**.

-bild

Spiegel- -schrift

-ei

-schrank

Einmal **ie**,
immer **ie**!

das Spiegelbild,

 **6** Sprich die Wörter halblaut. Zeichne Silbenbögen.
Markiere den Selbstlaut in der ersten Silbe.
Schreibe _ oder . unter den markierten Selbstlaut.

das **Fieber** – die **Finger**	die **Biene** – die **Birne**
die **Wiese** – der **Winter**	der **Sieger** – das **Silber**
die **Liebe** – die **Lichter**	der **Riese** – die **Rinde**
der **Giebel** – der **Gipfel**	die **Tiefe** – die **Tinte**

 **7** Sprich mit einem Partnerkind über die Wörter in Aufgabe 6.
Diese Wörter helfen euch:

am Ende der ersten Silbe, ie – i,
Selbstlaut – Mitlaut, offen – geschlossen,
lang – kurz.

_____
Unterschrift Partnerkind

Bei einem langen **i** schreibst du meistens **ie**.
In diesen Wörtern ist die erste **Silbe offen**:
Biene, **Tie**re, **spie**len, **lie**gen, **vie**le, …

Der **Selbstlaut** in einer offenen Silbe wird **lang** gesprochen.

Wortfamilien mit *ie* für die Rechtschreibung nutzen
ie am Ende einer offenen Silbe erkennen
Eine Regelhaftigkeit für *ie*-Schreibung verbalisieren

KV 71
Fo 44

51

 **1** Welche Wörter passen zusammen? Verbinde.

sie gießt	wiegen
es wiegt	spielen
du liebst	gießen
ihr spielt	lieben
er fliegt	biegen
du biegst	fliegen

In der verlängerten Form hat das Verb 2 Silben. Die erste Silbe ist offen: **gießen**.

 **2** Zeichne Silbenbögen und markiere **ie**.
Bilde jeweils eine Form mit **er** oder **es**. Markiere **ie**.

spielen   *er spielt*   liegen   *es*

siegen   *er*   zielen   *er*

fliegen   *es*   wiegen   *es*

3 Verändere die Verben so, dass sie in die Sätze passen.
Setze sie in die Sätze ein.

fliegen	wiegen	gießen	s̶c̶h̶i̶e̶ß̶e̶n̶

Leonie *schießt* ein Tor.

Tom _____ die Blumen.

Sascha _____ das Mehl für den Kuchen.

Das Flugzeug _____ durch die Wolken.

 **4** Markiere **ie** in den Wörtern von Aufgabe 3.

Die Personalformen von Verben mit *ie* bilden
Die Konstanz von *ie* in Personalform und Grundform erkennen und
üben

KV 73
Fö 99

ie in Wortfamilien üben

 **1** Setze die Wörter zusammen und bilde Nomen mit **Spiel-** und **Tier-**.

-platz

-zimmer

Spiel-

-zeug

-kiste

Alle Wörter
aus einer Wortfamilie
schreibst du mit **ie**:
spielen, das **Spiel**,
der **Spielplatz**.

-park

-kind

Tier-

-buch

-arzt

Spielplatz

 **2** Sprich **ie** in den Nomen von Aufgabe 1 lang. Markiere **ie**.

3 Bilde Wörter mit **Brief-**. Schreibe ins Heft.
Briefträger, ...

4 Setze **ie** ein. Schreibe den Text ins Heft.
Benutze den Abschreibpfeil.

Im T *ie* **rpark**

Lola und Marek sind mit Opa im T____rpark.

Marek mag die Schildkröten am l____bsten.

Lola l____bt die Z____gen auf der W____se.

Ein T____r ist krank und der T____rarzt ist da.

 **5** Übe 3 schwierige Wörter von Aufgabe 4.
Wähle dafür eine Übung von den Seiten 14–17.

Die Konstanz von *ie* in Wortfamilien erkennen und üben
Wörter mit *ie* deutlich sprechen   KV 74
Einen Text abschreiben und selbstständig schwierige Wörter üben   Fö 100

R6   45   **53**

Wörter mit doppelten Mitlauten ...

Himmel

Sonne

Schlitten

Zimmer

Koffer

Betten

Kissen

Roller

Alle Wörter haben etwas gemeinsam.

Affe

Sessel

Blätter

Puppe

Suppe

Löffel

Tasse

Teller

Pfanne

Wolle

---

1 Sprich mit einem Partnerkind.
Was haben die Wörter gemeinsam?

_____

2 Markiere in den Wörtern im Bild die doppelten Mitlaute:
ff, ll, mm, nn, pp, ss, tt.
Zeichne Silbenbögen unter die Wörter.

3 Setze die doppelten Mitlaute ein. Zeichne Silbenbögen.
Schreibe . unter den kurzen Selbstlaut in der ersten Silbe.

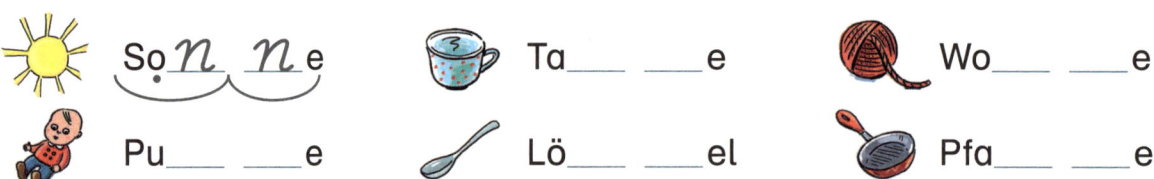

So _n_ _n_ e   Ta___ ___e   Wo___ ___e

Pu___ ___e   Lö___ ___el   Pfa___ ___e

In **Wörtern mit doppelten Mitlauten** endet die erste Silbe
zwischen den doppelten Mitlauten:
Sonne, Himmel

In diesen Wörtern ist die erste Silbe **geschlossen**. Der Selbstlaut
in einer geschlossenen Silbe wird immer **kurz** . **gesprochen**.

Wörter mit doppelten Mitlauten kennenlernen
Doppelte Mitlaute in Nomen einsetzen   KV 75
Erkennen, dass doppelte Mitlaute durch Silbieren getrennt werden   Fö 101, 102/Fo 45

... und mit tz und ck schreiben

Statt **zz** schreibst du **tz**.

die K**a**tze   die M**ü**tze   die Schne**c**ke   der We**c**ker

Statt **kk** schreibst du **ck**.

4 Lies die Wörter.
Markiere **tz** und **ck**.

die K**a**tze	schmecken	der Zucker	sitzen	die Jacke
die Zecke	putzen	die Pfütze	backen	die Tatze

5 Schreibe die Wörter von Aufgabe 4 geordnet in die Tabelle.
Markiere **tz** und **ck**.

Wörter mit tz	Wörter mit ck
*die Ka**tz**e*	

6 Schreibe 5 Sätze mit Wörtern von dieser Seite ins Heft.
Die Katze sitzt in der Sonne.

Datum: _____

1  Bilde Wörter mit doppelten Mitlauten. Schreibe sie.

Tan-	
Son-	-ne
Ton-	

Tanne,

Sup-	
Wip-	-pe
Pup-	

2 Markiere in Aufgabe 1 die doppelten Mitlaute. Zeichne Silbenbögen.
Schreibe . unter den kurzen Selbstlaut in der ersten Silbe.

3 Schreibe die Reimwörter.

Keller   Flüsse   Tasse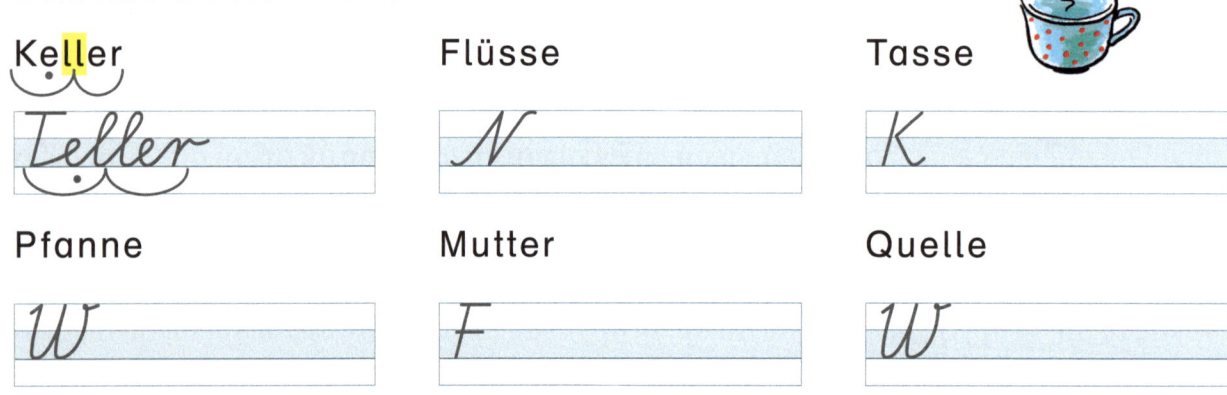

Teller   *N*   *K*

Pfanne   Mutter   Quelle

W   *F*   *W*

4 Markiere in Aufgabe 3 die doppelten Mitlaute. Zeichne Silbenbögen.
Schreibe . unter den kurzen Selbstlaut in der ersten Silbe.

5 Schreibe zusammengesetzte Wörter mit **Wasser-** und **Sommer-** ins Heft.

Wasser-
-ball
-rutsche
-flasche
-eimer

Sommer-
-ferien
-kleid
-tag
-fest

6 Schreibe 5 Sätze mit Wörtern von dieser Seite ins Heft.
Die Sonne steht hoch am Himmel.

Wörter mit doppelten Mitlauten aus Silben bilden
Reimwörter mit doppelten Mitlauten bilden
Wortfamilien mit doppelten Mitlauten kennenlernen

Fö 103, 104
HR

 **7** Bilde Wörter mit doppelten Mitlauten. Schreibe sie.

kom-	
sum-	-men
schwim-	
brum-	

kọmmen,

rol-	
brül-	
bel-	-len
stel-	

  **8** Markiere in Aufgabe 7 die doppelten Mitlaute. Zeichne Silbenbögen.
Schreibe . unter den kurzen Selbstlaut in der ersten Silbe.

9 Schreibe die Reimwörter.

rollen

wollen

picken

zw

sitzen

schw

lassen

f

zucken

sp

nützen

schw

 **10** Markiere im Gedicht die doppelten Mitlaute, **tz** und **ck**.
Schreibe das Gedicht ins Heft ab. Benutze den Abschreibpfeil.

Tierkonzert

Tauben gurren und Katzen schnurren.

Hummeln brummen und Bienen summen.

Elstern keckern und Ziegen meckern.

Schweine schmatzen und Spatzen schwatzen.

 **11** Übe 3 schwierige Wörter von Aufgabe 10.
Wähle dafür eine Übung von den Seiten 14–17.

Wörter mit doppelten Mitlauten aus Silben bilden
Reimwörter mit doppelten Mitlauten bilden
Einen Text abschreiben und selbstständig schwierige Wörter üben

KV 75-77
Fö 105, 106
HR

46-48 **57**

 **1** Sprich mit einem Partnerkind.
Warum sind das Merkwörter?

_____
Unterschrift Partnerkind

2 Schreibe die Merkwörter geordnet.

Computer	Teddy	Schnee	Clown	Baby	Tee	Vater
Vogel	Taxi	Verkehr	Hexe	Pony	Axt	See	Comic

C/c	*Computer,*
V	
x	
y	
ee	

Bei manchen Wörtern hilft Nachdenken nicht.
Diese Wörter sind **Merkwörter**.
Du musst dir merken, wie sie geschrieben werden:
Computer, Vogel, Teddy, Hexe, See, …

Merkwörter mit C/c, x und y üben

1 Kreise ein:

a) Merkwörter mit **C/c** gelb.

b) Merkwörter mit **x** rot.

c) Merkwörter mit **y** blau.

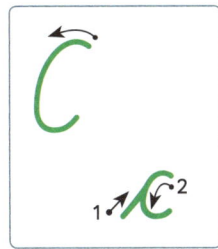
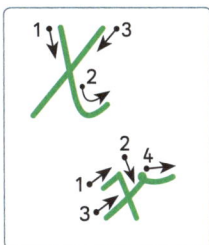

Axt	Clown	Baby	Computer	Hexe
Pony	Comic	Taxi	Teddy	

2 Markiere in jedem Wort von Aufgabe 1 die schwierige Stelle.

3 Wähle je ein Wort mit **C/c**, **x** und **y** aus. Schreibe es in die grünen Zeilen.
Vergleiche deine Wörter mit den Wörtern von Aufgabe 1.
Schreibe die Wörter 3-mal untereinander.

C/c   x   y

4 Markiere in jedem Wort die schwierige Stelle.

Lexikon	Hobby	Creme	boxen	clever	Handy	Mixer

5 Übe 5 Merkwörter von Aufgabe 4.
Wähle dafür eine Übung von den Seiten 14 – 17.

Merkwörter durch häufiges Schreiben üben
Rechtschreibgespür entwickeln
Selbstständig Merkwörter üben

KV 79
Fö 107, 108

49-50   **59**

1 Markiere in den Wörtern **aa**, **ee** und **oo**.

H**aa**r	Fee	Zoo	Tee	Boot	See	Saal
Moos	Schnee	Moor	Meer	Waage		

2 Schreibe die Merkwörter von Aufgabe 1 geordnet.

aa

ee

oo

3 Markiere in den Wörtern **V** und **v**.

Vogel   vier   Vater   viel   voll   Verkehr

4 Schreibe die Merkwörter von Aufgabe 3 geordnet.

V

v

5 Schreibe die passenden Merkwörter von dieser Seite zu den Bildern.

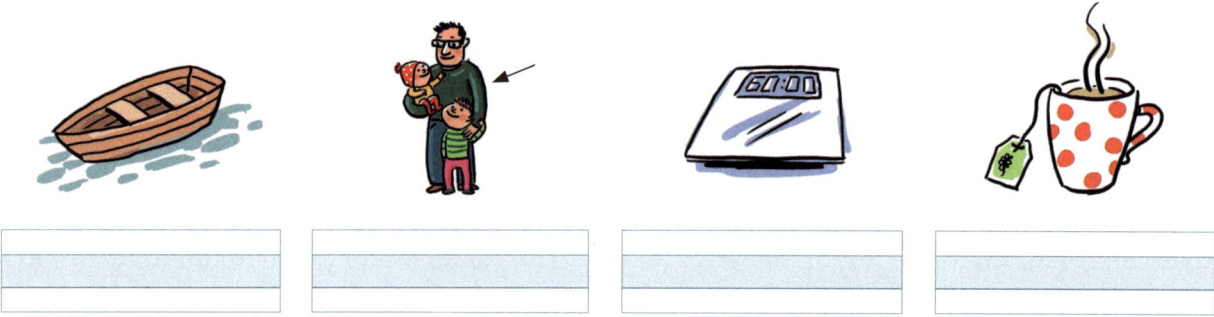

6 Übe 5 Merkwörter von dieser Seite.
Wähle dafür eine Übung von den Seiten 14–17.

60   51–52

Merkwörter mit doppeltem Selbstlaut üben
Merkwörter mit V/v üben
Selbstständig Merkwörter üben

KV 80
Fö 109, 110

Merkwörter in Texten üben

 **1** Setze die Merkwörter in den Text ein.

| Taxi | Teddy | Comics | Vögel | H̶a̶a̶r̶e̶ | Schnee | Verkehr |

Paula hat kurze, lockige *Haare* .

Sie liest gern _____ .

Ihre Lieblingstiere sind _____ .

Heute fährt Paula mit dem _____ .

Auf der Straße ist viel _____ .

Vom Himmel fällt _____ .

Ihren braunen _____ hält Paula fest im Arm.

 **2** Lies den Text.
Markiere in den Merkwörtern **C/c**, **x**, **Y/y**, **V/v**, **ee** und **oo**.

In der Eisdiele

Carlos und Yumi sind mit Oma in der Eisdiele.
Oma trinkt Eistee. Es gibt viel zu sehen.
Ein Vater spielt mit seinem Baby.
Ein Clown mit einem Pony sammelt Spenden
für den Zoo.
Viele kleine Vögel picken Krümel auf.
Ein Taxi mit einem Boot auf dem Dach fährt vorbei.

 **3** Schreibe den Text von Aufgabe 2 ins Heft ab.
Benutze den Abschreibpfeil.

4 Übe 5 Merkwörter von dieser Seite.
Wähle dafür eine Übung von den Seiten 14–17.

Rechtschreibgespräche führen und Strategien nutzen

1 Suche dir für die Aufgaben 2–7 ein Partnerkind.

Unterschrift Partnerkind

2 Warum hat Flora die Buchstaben markiert? Sprecht darüber.

3 Kreuzt die passenden Strategiesymbole zu **Wolle** an.

4 Markiert schwierige Stellen im Wort. Welche Strategien helfen, das Wort richtig zu schreiben? Kreuzt an.

5 Schreibt 3 schwierige Wörter ins Heft. Führt zu diesen Wörtern ein Rechtschreibgespräch.

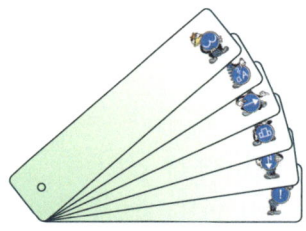

Rechtschreibstrategien beim Schreiben von Wörtern anwenden
Den Rechtschreibfächer als Hilfsmittel zum Richtigschreiben kennenlernen

KV 81
HR

6 Was meint Flora? Sprecht darüber.

7 Benutzt den Rechtschreibfächer.
Wie werden die Wörter
richtig geschrieben? Erklärt es euch.
Schreibt die Wörter richtig.

_____
Unterschrift Partnerkind

8 Welches Wort ist richtig? Kreuze an, welche Strategie dir hilft.
Nutze die Strategie und schreibe das Wort richtig.

Wort	Verlängern	Ableiten	richtig
Brod / Brot	☒ Verlängern ➡	☐ Ableiten	_Brot_
Hände / Hende	☐ Verlängern ➡	☐ Ableiten	
Mäuse / Meuse	☐ Verlängern ➡	☐ Ableiten	
Schild / Schilt	☐ Verlängern ➡	☐ Ableiten	
Schrang / Schrank	☐ Verlängern ➡	☐ Ableiten	
Sieb / Siep	☐ Verlängern ➡	☐ Ableiten	

Fehler mithilfe von Rechtschreibstrategien verbessern
Ein Rechtschreibgespräch führen
Rechtschreibstrategien beim Schreiben von Wörtern nutzen

KV 83

53-54

63

 **1** Verbinde jede markierte Stelle mit der passenden Sprechblase.

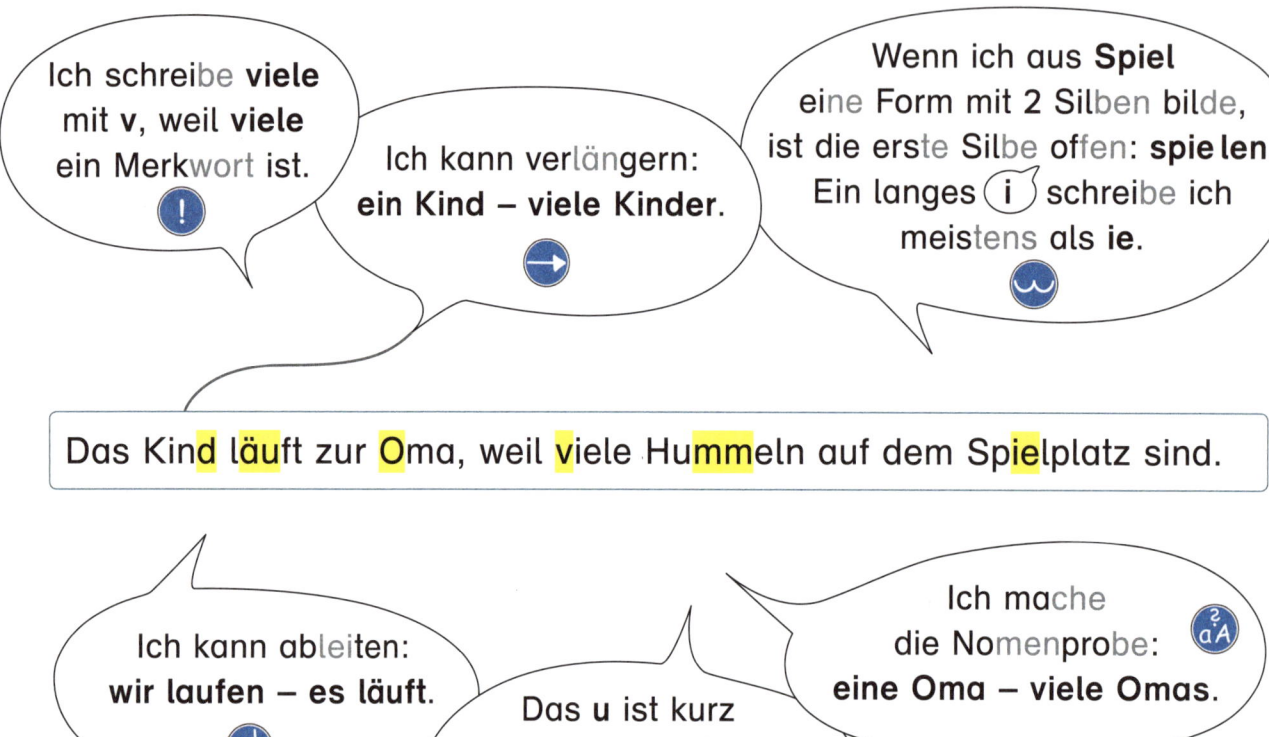

Ich schreibe **viele** mit **v**, weil **viele** ein Merkwort ist. **!**

Ich kann verlängern: **ein Kind – viele Kinder**. ➡

Wenn ich aus **Spiel** eine Form mit 2 Silben bilde, ist die erste Silbe offen: **spie len**. Ein langes **i** schreibe ich meistens als **ie**.

Das Kind läuft zur Oma, weil viele Hummeln auf dem Spielplatz sind.

Ich kann ableiten: **wir laufen – es läuft**.

Das **u** ist kurz und die erste Silbe ist geschlossen. Ich schreibe **mm**.

Ich mache die Nomenprobe: **eine Oma – viele Omas**.

 **2** Markiere schwierige Stellen. Welche Strategien helfen dir? Kreuze an.

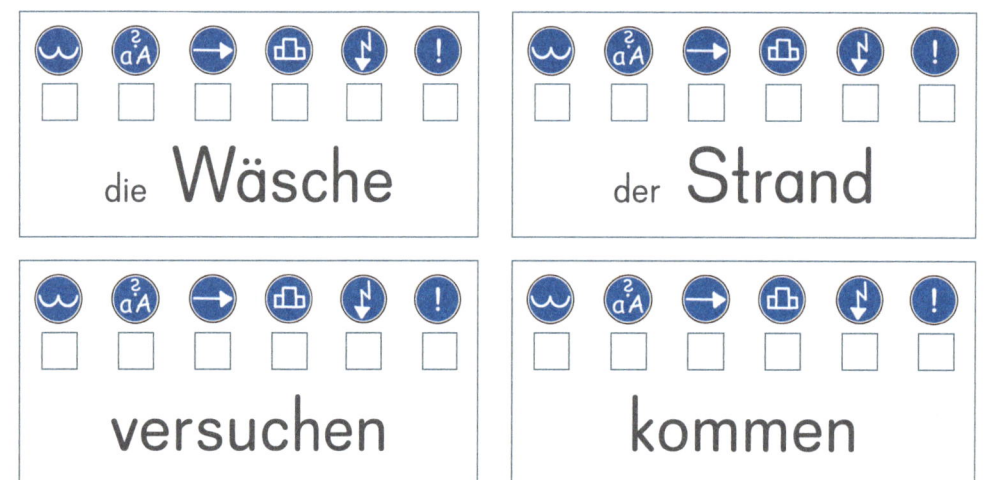

die **Wäsche**

der **Strand**

versuchen

kommen

 **3** Führe mit einem Partnerkind ein Rechtschreibgespräch zu den Wörtern von Aufgabe 2.
Was hast du markiert?
Warum hast du es markiert?

_____
Unterschrift Partnerkind

Rechtschreibphänomene den passenden Strategien zuordnen
Rechtschreibstrategien beim Schreiben von Wörtern anwenden
Ein Rechtschreibgespräch führen

KV 81
Fö 111, 112

1 Schreibe die Wörter richtig.

Emil schreibt in sein ~~heft~~.

Heft

Tim bringt Brife zur Post.

Finn geht gern in den Zo.

Dana spielt mit ihrem Hunt.

Tilo kemmt sich die Haare.

Manchmal bin ich traurich.

 2 Finde die 5 Fehler im Text.
Streiche die falschen Wörter durch.
Schreibe die Wörter richtig.

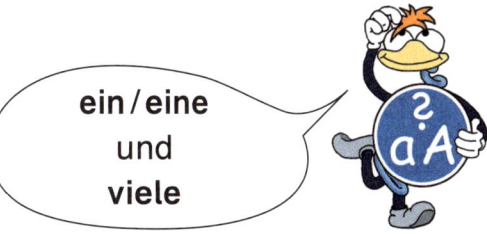

ein / eine
und
viele

Meine Schwester

Ich habe eine kleine schwester.

Sie hat blaue Augen und zwei kleine ohren.

Mit den Händen kommt sie an ihre nase.

Ihre beine kann sie wild bewegen.

Und mit ihrem kleinen mund kann sie laut brüllen.

Meine Schwester ist sechs Monate alt.

3 Warum sind die 5 Wörter in Aufgabe 2 falsch?
Welche Strategie wurde nicht beachtet?

Fehler mithilfe von Rechtschreibstrategien verbessern
Fehler in einem Text finden und verbessern
Ein Rechtschreibphänomen verbalisieren

KV 82, 83
Fö 113, 114 / Fo 47

53-54

65

Häufige Wörter

ab	etwas	oder
aber	euch	ohne
alles	euer	sein
als	eure	sich
am	für	sie
an	gleich	so
auch	hier	über
auf	hin	um
aus	hinter	und
bei	ich	uns
beide	ihm	unten
bis	ihn	unter
da	ihr	von
dann	im	vor
das	in	wann
dein	ins	warum
dem	ja	was
den	jeder	weil
denn	kein	welche
der	man	wem
des	mein	wen
dich	mich	wenn
die	mir	wer
dies	mit	wie
dir	nach	wir
doch	nein	wo
dort	nicht	zu
du	noch	zuerst
durch	nun	zum
ein	nur	zur
er	ob	
es	oben	

Monate

Januar
Februar
März
April
Mai
Juni
Juli
August
September
Oktober
November
Dezember

Wochentage

Montag
Dienstag
Mittwoch
Donnerstag
Freitag
Samstag
Sonntag

Farben

blau	●	weiß	○
gelb	●	braun	●
grün	●	orange	●
rot	●	rosa	●
schwarz	●	lila	●

Zahlen

eins, zwei, drei, vier, fünf, sechs, sieben, acht, neun, zehn, elf, zwölf zwanzig, dreißig, vierzig, ...
einhundert, zweihundert, ...

Wörterliste

A a

der **Abend**,
die Aben|de
der **Af|fe**, die Af|fen
alt
die **Amei|se**,
die Amei|sen
die **Am|pel**,
die Am|peln
die **Ant|wort**,
die Ant|wor|ten
ant|wor|ten,
er ant|wor|tet
der **Ap|fel**,
die Äp|fel
die **Ar|beit**,
die Ar|bei|ten
ar|bei|ten,
er ar|bei|tet
der **Arm**, die Ar|me
der **Ast**, die Äs|te
die **Auf|ga|be**,
die Auf|ga|ben
auf|wa|chen,
er wacht auf
das **Au|ge**,
die Au|gen
der **Aus|flug**,
die Aus|flü|ge
das **Au|to**,
die Au|tos
die **Axt**, die Äx|te

B b

das **Ba|by**, die Ba|bys
ba|cken, er backt
der **Bä|cker**,
die Bä|cker
das **Bad**, die Bä|der
ba|den, er ba|det
bald
der **Ball**, die Bäl|le
die **Ba|na|ne**,
die Ba|na|nen
die **Bank**, die Bän|ke
der **Bär**, die Bä|ren
der **Bauch**,
die Bäu|che
bau|en, er baut
der **Bau|er**,
die Bau|ern
der **Baum**,
die Bäu|me
das **Beln**, die Bei|ne
be|quem
der **Berg**, die Ber|ge
der **Be|sen**,
die Be|sen
be|sie|gen,
sie be|siegt
die **Beu|le**, die Beu|len
be|we|gen,
es be|wegt sich
be|zah|len,
er be|zahlt

die **Bie|ne**,
die Bie|nen
das **Bild**, die Bil|der
bin|den, er bin|det
die **Bir|ne**, die Bir|nen
bit|ten, er bit|tet
das **Blatt**, die Blät|ter
blei|ben, er bleibt
blü|hen, es blüht
die **Blu|me**,
die Blu|men
die **Blü|te**, die Blü|ten
der **Bo|den**,
die Bö|den
das **Boot**, die Boo|te
bö|se
brau|chen,
er braucht
breit
der **Brief**, die Brie|fe
brln|gen, er bringt
das **Brot**, die Bro|te
der **Bru|der**,
die Brü|der
das **Buch**, die Bü|cher
bunt
der **Bunt|stift**,
die Bunt|stif|te
die **Burg**, die Bur|gen
der **Bus**, die Bus|se
der **Busch**, die Bü|sche
die **But|ter**

C c

der **Cent**, die Cents

der **Clown**,
die Clowns

der **Com|pu|ter**,
die Com|pu|ter

D d

der **Dampf**,
die Dämp|fe

der **Dank**
dan|ken, er dankt

der **Dau|men**,
die Dau|men
den|ken, er denkt

der **Dieb**, die Die|be

der **Diens|tag**

der **Don|ners|tag**

die **Do|se**, die Do|sen
dun|kel

E e

die **Eb|be**

das **Ei**, die Ei|er

der **Ei|mer**,
die Ei|mer

das **Eis**

der **Ele|fant**,
die Ele|fan|ten

die **El|tern**

---

das **En|de**, die En|den
eng

die **En|te**, die En|ten

die **Erd|bee|re**,
die Erd|bee|ren

die **Er|de**

der **Esel**, die Esel
es|sen, er isst

die **Eu|le**, die Eu|len

der **Eu|ro**, die Eu|ros

F f

das **Fach**, die Fä|cher
fah|ren, sie fährt
fal|len, er fällt
falsch

die **Fa|mi|lie**,
die Fa|mi|li|en
fan|gen, er fängt,
das Ge|fäng|nis

die **Far|be**,
die Far|ben

die **Fe|der**,
die Fe|dern
feh|len, er fehlt

die **Fei|er**, die Fei|ern
fei|ern, sie fei|ert
fein

das **Feld**, die Fel|der

das **Fens|ter**,
die Fens|ter

---

die **Fe|ri|en**
fin|den, er fin|det

der **Fin|ger**,
die Fin|ger

der **Fisch**, die Fi|sche

die **Fla|sche**,
die Fla|schen

die **Flie|ge**,
die Flie|gen
flie|gen, sie fliegt
flie|ßen, es fließt

der **Flü|gel**,
die Flü|gel
flüs|sig
fol|gen, er folgt

das **Fo|to**, die Fo|tos
fra|gen, sie fragt

die **Frau**,
die Frau|en

der **Frei|tag**
fremd

die **Freu|de**,
die Freu|den
freu|en,
er freut sich

der **Freund**,
die Freun|de
frisch

der **Frosch**,
die Frö|sche,

die **Frucht**,
die Früch|te

früh
der **Früh|ling**
der **Fuchs**,
    die Füch|se
    fül|len, er füllt
der **Fül|ler**, die Fül|ler
der **Fuß**, die Fü|ße

G g

die **Ga|bel**,
    die Ga|beln
    ganz
der **Gar|ten**,
    die Gär|ten
    ge|ben, es gibt
    ge|gen
    ge|hen, sie geht
das **Geld**, die Gel|der
das **Ge|mü|se**
das **Ge|schenk**,
    die Ge|schen|ke
die **Ge|schich|te**,
    die Ge|schich|ten
das **Ge|sicht**,
    die Ge|sich|ter
    ges|tern
    ge|sund
die **Gi|raf|fe**,
    die Gi|raf|fen
das **Glas**, die Glä|ser
das **Gras**, die Grä|ser

groß
gut

H h

das **Haar**, die Haa|re
    ha|ben, ich ha|be,
    du hast, er hat,
    wir ha|ben
der **Ha|fen**,
    die Hä|fen
der **Hals**, die Häl|se
    hal|ten, er hält
der **Ham|mer**,
    die Häm|mer
die **Hand**, die Hän|de
    hart
der **Ha|se**, die Ha|sen
das **Haus**,
    die Häu|ser
die **Haut**, die Häu|te
die **He|cke**,
    die He|cken
das **Heft**, die Hef|te
    heiß
    hei|ßen, er heißt
    hel|fen, es hilft
    hell
das **Hemd**,
    die Hem|den
der **Herbst**
der **Herr**, die Her|ren

das **Heu**
    heu|len, er heult
    heu|te
die **He|xe**, die He|xen
die **Hil|fe**, die Hil|fen
der **Him|mel**,
    die Him|mel
der **Hof**, die Hö|fe
    ho|len, sie holt
    hö|ren, er hört
die **Ho|se**, die Ho|sen
der **Hund**, die Hun|de
    hüp|fen, sie hüpft

I i

der **Igel**, die Igel
    im|mer
die **In|sel**, die In|seln

J j

der **Jä|ger**, die Jä|ger
das **Jahr**, die Jah|re
    jetzt
der **Jun|ge**,
    die Jun|gen

K k

der **Kä|fer**, die Kä|fer
der **Ka|kao**

der **Ka|len|der,**
die Ka|len|der

kalt, die Käl|te

das **Ka|mel,**
die Ka|me|le

käm|men,
er kämmt

die **Kar|te,** die Kar|ten

der **Kä|se,** die Kä|se

die **Kat|ze,** die Kat|zen

kau|fen, er kauft

ken|nen, er kennt

die **Ker|ze,**
die Ker|zen

das **Kind,** die Kin|der

die **Kir|sche,**
die Kir|schen

die **Klas|se,**
die Klas|sen

kle|ben, sie klebt

das **Kleid,** die Klei|der

klein

klug

der **Knopf,**
die Knöp|fe

ko|chen, er kocht

kom|men,
es kommt

der **Kö|nig,**
die Kö|ni|ge

kön|nen, er kann

der **Kopf,** die Köp|fe

---

der **Korb,** die Kör|be

der **Kör|per,**
die Kör|per

krank

das **Kraut,** die Kräu|ter

der **Kreis,** die Krei|se

das **Kro|ko|dil,**
die Kro|ko|di|le

die **Kü|che,**
die Kü|chen

der **Ku|chen,**
die Ku|chen

die **Kuh,** die Kü|he

kurz

L l

la|chen, sie lacht

die **Lam|pe,**
die Lam|pen

lau|fen, er läuft,
der Läu|fer

laut

le|ben, sie lebt

le|cker

le|gen, er legt

leicht

lei|der

lei|se

ler|nen, sie lernt

le|sen, er liest

die **Leu|te**

---

das **Le|xi|kon,**
die Le|xi|ka

das **Licht,** die Lich|ter

lie|ben, er liebt

das **Lied,** die Lie|der

lie|gen, es liegt

der **Li|ter,** die Li|ter

das **Lob**

lo|ben, er lobt

lö|schen,
sie löscht

der **Lö|we,**
die Lö|wen

die **Lu|pe,** die Lu|pen

M m

ma|chen,
sie macht

das **Mäd|chen,**
die Mäd|chen

ma|len, er malt

die **Ma|ma,**
die Ma|mas

der **Mann,**
die Män|ner,
das Männ|chen

der **Man|tel,**
die Män|tel

die **Maus,** die Mäu|se

das **Meer,** die Mee|re

mehr

die **Milch**

die **Mi|nu|te,**
die Mi|nu|ten

mit|neh|men,
sie nimmt mit

der **Mitt|woch**

der **Mo|nat,**
die Mo|na|te

der **Mond,** die Mon|de

der **Mon|tag**

das **Moor,** die Moo|re

das **Moos,** die Moo|se

mor|gen

mü|de

der **Mund,**
die Mün|der

müs|sen,
ich muss,
du musst,
er muss,
wir müs|sen

der **Mut**

mu|tig

die **Mut|ter,**
die Müt|ter

N n

die **Nacht,**
die Näch|te

die **Na|del,**
die Na|deln

der **Na|me,**
die Na|men

die **Na|se,**
die Na|sen

das **Nas|horn,**
die Nas|hör|ner

der **Ne|bel,**
die Ne|bel

neh|men,
sie nimmt

das **Nest,**
die Nes|ter

nett

neu

nie

die **Nu|del,**
die Nu|deln

O o

das **Obst**

der **Ofen,** die Öfen

öff|nen,
sie öff|net

oft

das **Ohr,** die Oh|ren

das **Öl,** die Öle

die **Oma,** die Omas

der **On|kel,**
die On|kel

der **Opa,** die Opas

Os|tern

P p

pa|cken, sie packt

der **Pa|pa,**
die Pa|pas

der **Pa|pa|gei,**
die Pa|pa|gei|en

das **Pa|pier,**
die Pa|pie|re

die **Pau|se,**
die Pau|sen

das **Pferd,** die Pfer|de

die **Pflan|ze,**
die Pflan|zen

pflan|zen,
er pflanzt

die **Pflau|me,**
die Pflau|men

pfle|gen,
er pflegt

der **Pin|gu|in,**
die Pin|gu|ine

der **Pin|sel,**
die Pin|sel

die **Piz|za,**
die Piz|zen

der **Platz,** die Plät|ze

die **Pom|mes**

das **Po|ny,** die Po|nys

die **Pup|pe,**
die Pup|pen

put|zen, er putzt

Qu qu

das **Qua|drat**,
die Qua|dra|te
qua|ken, er quakt
die **Qual|le**,
die Qual|len
der **Qualm**
der **Quark**
das **Quar|tett**
der **Quatsch**
die **Quel|le**,
die Quel|len
der **Quirl**, die Quir|le

R r

das **Rad**, die Rä|der
die **Ra|ke|te**,
die Ra|ke|ten
der **Rauch**
die **Rau|pe**,
die Rau|pen
rech|nen,
sie rech|net
re|den, er re|det
der **Re|gen**
reich
rei|sen, sie reist
rei|ten, er rei|tet
ren|nen, er rennt
der **Ring**, die Rin|ge
der **Rock**, die Rö|cke

rol|len, er rollt
der **Rü|cken**,
die Rü|cken
ru|fen, sie ruft
rund

S s

die **Sa|che**,
die Sa|chen
der **Saft**, die Säf|te
sa|gen, sie sagt
das **Salz**
der **Sams|tag**
der **Sand**
san|dig
satt
der **Satz**, die Sät|ze
sau|ber
das **Schaf**, die Scha|fe
der **Schatz**,
die Schät|ze
die **Schau|kel**,
die Schau|keln
schei|nen,
es scheint
schen|ken,
er schenkt
die **Sche|re**,
die Sche|ren
das **Schiff**,
die Schif|fe

das **Schild**,
die Schil|der
schla|fen,
er schläft
schla|gen,
sie schlägt
die **Schlan|ge**,
die Schlan|gen
schlau
der **Schnee**
schnei|den,
sie schnei|det
schnell
schon
schön
der **Schrank**,
die Schrän|ke
schrei|ben,
er schreibt
schrei|en,
er schreit
die **Schrift**,
die Schrif|ten
der **Schuh**,
die Schu|he
die **Schu|le**,
die Schu|len
das **Schwein**,
die Schwei|ne
schwer
die **Schwes|ter**,
die Schwes|tern

der **See**, die Se|en

das **Se|gel**, die Se|gel

se|hen, er sieht

sehr

die **Sei|fe**, die Sei|fen

sein, ich bin,

du bist, er ist,

wir sind, ihr seid,

sie sind

seit

die **Sei|te**,

die Sei|ten

die **Se|kun|de**,

die Se|kun|den

selbst

das **Sieb**, die Sie|be

sin|gen, er singt

sit|zen, er sitzt

der **Sohn**, die Söh|ne

sol|len, er soll

der **Som|mer**

die **Son|ne**,

die Son|nen

der **Sonn|tag**

die **Spa|ghet|ti**

spa|ren, sie spart

spa|zie|ren,

sie spa|ziert

der **Specht**,

die Spech|te

der **Spie|gel**,

die Spie|gel

das **Spiel**, die Spie|le

spie|len,

sie spielt

die **Spin|ne**,

die Spin|nen

der **Sport**

spre|chen,

sie spricht

sprin|gen,

es springt

die **Stan|ge**,

die Stan|gen,

der Stän|gel

stark

ste|hen, es steht

der **Stein**, die Stei|ne

stel|len, sie stellt

der **Stern**,

die Ster|ne

der **Stie|fel**,

die Stie|fel

der **Stift**, die Stif|te

still

die **Stim|me**,

die Stim|men

der **Strand**,

die Strän|de

der **Strauch**,

die Sträu|cher

der **Stuhl**, die Stüh|le

die **Stun|de**,

die Stun|den

su|chen, er sucht

die **Sup|pe**,

die Sup|pen

T t

die **Ta|fel**, die Ta|feln

der **Tag**, die Ta|ge

die **Tan|te**,

die Tan|ten

die **Ta|sche**,

die Ta|schen

der **Ted|dy**,

die Ted|dys

der **Tee**, die Tees

das **Te|le|fon**,

die Te|le|fo|ne

das **Tier**, die Tie|re

der **Ti|ger**, die Ti|ger

der **Tisch**,

die Ti|sche

die **Toch|ter**,

die Töch|ter

toll

tra|gen, er trägt

trau|rig

trin|ken, sie trinkt

die **Tür**, die Tü|ren

der **Turm**,

die Tür|me

tur|nen, er turnt

die **Tü|te**, die Tü|ten

U u

üben, sie übt

die **Übung**,
die Übun|gen

die **Uhr**, die Uh|ren

der **Uhu**, die Uhus

der **Ur|laub**,
die Ur|lau|be

V v

der **Vam|pir**,
die Vam|pi|re

der **Va|ter**, die Vä|ter

ver|kau|fen,
er ver|kauft,
der Ver|käu|fer

der **Ver|kehr**

ver|su|chen,
sie ver|sucht

viel, vie|le

der **Vo|gel**,
die Vö|gel

voll

W w

der **Wa|gen**,
die Wä|gen

der **Wald**,
die Wäl|der

warm, wär|mer

war|ten,
sie war|tet

wa|schen,
er wäscht,
die Wä|sche

das **Was|ser**

der **Weg**, die We|ge

Weih|nach|ten

wei|nen, er weint

weit

die **Welt**

we|nig

wer|den, es wird

wer|fen, sie wirft

das **Wet|ter**

wie|der

die **Wie|se**, die Wie|sen

der **Wind**,
die Win|de

der **Win|ter**

die **Wo|che**,
die Wo|chen

woh|nen, er wohnt

die **Wol|ke**, die Wol|ken

wol|len, sie will

das **Wort**, die Wör|ter

der **Wunsch**,
die Wün|sche

wün|schen,
er wünscht (sich)

die **Wurst**,
die Würs|te

die **Wur|zel**,
die Wur|zeln

X x

Y y

das **Yp|si|lon**

Z z

die **Zahl**, die Zah|len

zäh|len, sie zählt

der **Zahn**, die Zäh|ne

der **Zaun**, die Zäu|ne

das **Ze|bra**,
die Ze|bras

der **Zeh**, die Ze|hen

zei|gen, er zeigt

die **Zeit**, die Zei|ten

das **Zelt**, die Zel|te

die **Zie|ge**, die Zie|gen

das **Zim|mer**,
die Zim|mer

der **Zoo**, die Zoos

der **Zu|cker**

der **Zug**, die Zü|ge

zu|sam|men

die **Zwie|bel**,
die Zwie|beln

A B C D E F G H I J K L M N O P Qu R S T

Das kann ich jetzt

Das sind meine Lieblingswörter:

Ich kann Wörter in Silben gliedern und die Selbstlaute markieren:

Ich kann Nomen großschreiben:

Ich kann Wörter verlängern:

Das kann ich jetzt

Ich kann Wörter ableiten:

Ich kann Wörter aus einer Wortfamilie schreiben:

Ich kann Merkwörter schreiben:

Ich kann diesen Satz richtig schreiben: